Arzneimittelversorgung in Deutschland

Rechtliche und wirtschaftliche Überlegungen zur Bedeutung von Ärzten, Apotheken und Gebietskörperschaften bei der Sicherstellung der Versorgung der Bevölkerung mit verschreibungspflichtigen Arzneimitteln

Hannes Kern – Thomas Würtenberger – Hans-Dieter Wichter

Arzneimittelversorgung in Deutschland

Rechtliche und wirtschaftliche Überlegungen zur Bedeutung von Ärzten, Apotheken und Gebietskörperschaften bei der Sicherstellung der Versorgung der Bevölkerung mit verschreibungspflichtigen Arzneimitteln

Bibliografische Information der Deutschen Nationalbibliothek:

Die Deutsche Nationalbibliothek verzeichnet diese Publikation in der Deutschen Nationalbibliografie; detaillierte bibliografische Daten sind im Internet über http://dnb.dnb.de abrufbar.

© 2015 – Hannes Kern, Thomas Würtenberger, Hans-Dieter Wichter

Herstellung und Verlag: BoD – Books on Demand, Norderstedt

ISBN: 978-3-7347-5214-8

Inhaltsverzeichnis

1. **Hans-Dieter Wichter**
   Einführung in die Problemstellung und zentrale
   Aussagen 10
   Introduction and Summary 12

2. **Hannes Kern – Thomas Würtenberger**
   Preisbindung und Rabattverbot bei
   verschreibungspflichtigen Arzneimitteln –
   Fremdkörper oder integraler Bestandteil des
   nationalen Gesundheitswesens? 19

A. Einleitung 19

B. Überblick über die Bestandteile des deutschen
   Gesundheitswesens: Hoheitliche Bedarfsplanung
   verbunden mit hoheitlichen Eingriffsmöglichkeiten . . 22
   I. Leistungsebene: Anspruch der Versicherten auf eine
   bedarfsgerechte Versorgung 25
   II. Leistungserbringungsebene: Hoheitliche Bedarfs-
   planung verbunden mit Eingriffsbefugnissen als
   Instrumente der Gewährleistung einer bedarfs-
   gerechten Versorgung 26
   1. Verpflichtung der Gesetzlichen Krankenkassen und
   der Leistungserbringer zur Sicherstellung einer
   bedarfsgerechten Versorgung
   2. Flächendeckende Versorgung als wesentliches
   Element der Bedarfsgerechtigkeit 27
   3. Befund: Sicherstellung einer flächendeckenden
   Versorgung durch engmaschiges System der
   Bedarfsplanung & hoheitliche Eingriffsbefugnisse . . 28

C. Sicherstellung einer bedarfsgerechten ambulanten (vertragsärztlichen) Versorgung ... 30
   1. Aktueller Befund: Funktionsfähigkeit und Erfolg der vertragsärztlichen Bedarfsplanung ... 30
   2. Zuständigkeit der Kassenärztlichen Vereinigungen für Sicherstellung der vertragsärztlichen Versorgung ... 31
   3. Sicherstellung einer flächendeckenden vertragsärztlichen Versorgung durch Bedarfsplanung ... 32
      a) Bedarfsplan als Grundlage für die Feststellung einer Über- oder Unterversorgung ... 32
      b) Grundlagen der Bedarfsplanung im Bereich der ambulanten (vertragsärztlichen) Versorgung ... 33
   4. Instrumente zur Reaktion auf eine (drohende) Über- oder Unterversorgung ... 35
      a) Situation einer (drohenden) Überversorgung ... 35
      b) Situation einer (drohenden) Unterversorgung ... 36
   5. Ergebnis: Sicherstellung einer flächendeckenden Versorgung im Bereich der vertragsärztlichen Versorgung durch Bedarfsplanung ... 37

D. Bedarfsplanung im Rahmen der stationären ärztlichen Versorgung ... 37
   1. Ziel der wirtschaftlichen Sicherung der Krankenhäuser zur bedarfsgerechten Versorgung der Bevölkerung ... 38
   2. Duales Finanzierungssystem für Plan-krankenhäuser ... 39
   3. Feststellung der Aufnahme von Krankenhäusern in den Krankenhausplan ... 42

E. Keine Bedarfsplanung im Bereich der Arzneimittelversorgung durch Apotheken ... 46
   I. Zur Geschichte des deutschen Apothekenwesens ... 47
   II. Zum Apothekenurteil des BVerfG ... 49

F. Bonus- oder Rabattmodelle von Apotheken: Zur Aktualität des Apothekenurteils für die Regulierung des Apothekenmarktes in Deutschland auch nach 60 Jahren ... 56

G. Hoheitlicher Regelungsauftrag zur Sicherstellung einer Arzneimittelversorgung ... 63
    I. Sicherstellungsauftrag pharmazeutischer Unternehmer und des Großhandels gem. § 52b AMG ... 63
    II. Instrumente des Apothekenrechts zur Sicherstellung einer flächendeckenden Arzneimittelversorgung ... 64

H. Zusammenfassung ... 65

3. **Hans-Dieter Wichter**

   Die Ärzte als Determinante für die Steuerung und Gewährleistung der flächendeckenden Arzneimittelversorgung und die Distributionsfunktion der Apotheken im Raum ... 67

   1. Zur Steuerung und Gewährleistung der flächendeckenden Arzneimittelversorgung durch die Ärzte ... 67
   2. Zum Begriff der flächendeckenden Arzneimittelversorgung ... 68
   3. Die Steuerung der Arzneimittelversorgung, der Zahl und der Allokation der Apotheken durch die Zahl der Ärzte und deren Verteilung im Raum ... 72
   4. Regionalbetrachtung I: Der Zusammenhang zwischen Arztzahlen, Apothekenaufkommen und Arzneimittelversorgung auf der Ebene der Bundesländer ... 79
   5. Regionalbetrachtung II: Der Zusammenhang zwischen Arztzahlen, Apothekenaufkommen und Arzneimittelversorgung auf der Ebene ausgewählter Mittelbereiche als Planungsräume für den Hausarztbedarf ... 86

6. Ergebnis: Die Steuerung und Sicherung der flächendeckenden Arzneimittelversorgung als ärztliche Funktion – Die Distribution als Folgefunktion der Apotheken	92
7. Fazit	96

4. Hans-Dieter Wichter

Anmerkungen zur wirtschaftlichen Lage der Apotheken in Deutschland — 99

1. Die Entwicklung der Apothekenzahl seit 1952	99
2. Zur wirtschaftlichen Lage der Durchschnittsapotheke	102
3. Zu den wirtschaftlichen Problemen kleiner Apotheken mit suboptimaler Betriebsgröße	106
4. Ergebnis: Volkswirtschaftliche Kosten durch die hohe Zahl suboptimaler Apothekenbetriebe	110

5. Hans-Dieter Wichter

Zur Frage der Störung der optimalen Allokation der Apotheken im Raum durch feste Preise für Arzneimittel und deren Analyse in wirtschaftswissenschaftlichen Beiträgen — 113

1. Ökonomische Aspekte des Systems fester Preise für verschreibungspflichtige Arzneimittel in Deutschland	113
2. Schätzungen des Umfangs der von einem Marktaustritt betroffenen suboptimalen Apotheken	119
3. Die Frage der optimalen Allokation der Apotheken im Raum in wirtschafts-wissenschaftlichen Beiträgen	125
3.1 Das Modell der Apothekentaxe der Monopolkommission in der Aus-differenzierung nach Coenen, Haukap et. al.	125
3.2 Der Beitrag von Daniel Horvath	128

3.3 Der Beitrag des Sachverständigenrates zur Begutachtung der Entwicklung im Gesundheitswesen	130
3.4 Bewertung	132
4. Fazit	133

6. Anhang 1 — 135
Tabelle: Bevölkerungszahl, Anzahl der Apotheken, Einwohner je Apotheke, Anzahl der Ärzte (in freier Praxis bzw. ambulant, ohne Zahnärzte), Einwohner je Arzt, Ärzte je Apotheke. Jahre 1952 bis 2014

7. Anhang 2 — 139
Tabelle: Einwohner, Apotheken, Hausärzte, Fachärzte nach Bundesländern. Kennziffern Einwohner, Hausärzte, Fachärzte und Ärzte insgesamt je Apotheke. Durchschnittliche Arzneimittelausgaben je GKV - Versichertem. Wert der Verordnungen. Jahr 2013

8. Anhang 3 — 141
Tabelle: Ausgewählte Mittelbereiche. Anzahl der Einwohner je Mittelbereich (Abgrenzung BBSR). Anzahl Apotheken je Mittelbereich. Anzahl Hausärzte je Mittelbereich. Anzahl allgemeine Fachärzte nach Bedarfsplanungs-Richtlinie, anteilig je Mittelbereich (Schätzung). Ärzte je Apotheke. Durchschnittsumsätze der verschriebenen rezeptpflichtigen Arzneimittel je Apotheke (Schätzung nach Hausärzten und allgemeinen Fachärzten). Jahr 2013

9. Die Autoren — 145

1. Hans-Dieter Wichter

Einführung in die Problemstellung und zentrale Aussagen

Die Kosten für Arzneimittel waren im Jahre 2013 mit gut 34 Milliarden € oder fast 19 Prozent der drittgrößte Ausgabenposten der Gesetzlichen Krankenversicherung. Sie wurden nur durch die Leistungen der Ärzte (33 Prozent) und der pflegerisch-therapeutischen Leistungen (20 Prozent) übertroffen. Damit stellt sich sowohl den Trägern der Krankenversicherungen als auch den gesundheitspolitischen Entscheidungsträgern die Frage immer wieder neu, ob die Ausgaben für die von Kassen versicherten verschreibungspflichtigen Arzneimittel nicht zu hoch sind. Diese Frage wird umso intensiver diskutiert, als die deutschen Apothekenverkaufspreise für diese Produkte in Europa auch vor Steuer regelmäßig in der Spitzengruppe liegen.

Der wesentliche Grund für die hohen Preise, die große Belastung der Versichertengemeinschaft mit Arzneimittelkosten und die dadurch verursachten volkswirtschaftlichen Verluste ist das System der festen Apothekenverkaufspreise. Ein die volkswirtschaftlichen Kosten optimierender Preiswettbewerb ist auf dem Markt für verschreibungspflichtige Arzneimittel in Deutschland verboten. Dieses politisch motivierte Verbot wird insbesondere mit dem Argument begründet, feste Preise nach oben wie auch nach unten sicherten eine flächendeckende Arzneimittelversorgung der Bevölkerung.

In der vorliegenden Arbeit wird gezeigt, dass dies falsch ist. Es handelt sich hierbei um ein rein politisch-protektionistisches Argument. Einer volkswirtschaftlichen Analyse hält es nicht Stand. Im Gegenteil: Das Festpreissystem führt zu einer zu hohen Zahl und zu einer räumlich Fehlallokation von Apotheken. Es verursacht durch suboptimale und finanzschwache Apothekenbetriebe volkswirtschaftliche Kosten. Schließlich führen feste Arzneimittelpreise zu Wohlfahrtsverlusten bei den Patienten bzw. Verbrauchern, die auf eine Arzneimitteltherapie angewiesen sind.

Wer ist nun entscheidend für die Sicherung der Versorgung mit Medikamenten. Es sind die Ärzte, die eine flächendeckende und gleichwertige

Arzneimittelversorgung sichern. Wie weiter unten in Artikel 2 dieser Publikation dargelegt ist, wird der Bedarf an bzw. die Nachfrage nach verschreibungspflichtigen Arzneimitteln allein und ausschließlich von den Ärzten nach rein medizinisch-therapeutischen Kriterien determiniert. Damit bestimmen sie gleichzeitig auch den Umfang des Angebotes an Medikamenten in allen Teilräumen Deutschlands. Denn weder der Apotheker noch der Patient können die Verordnung des Arztes neu verhandeln und ändern – völlig unabhängig vom Preis. Der Apotheker erfüllt ohne jeden Entscheidungsspielraum bei der Distribution der Medikamente lediglich den Willen des Arztes. Auch seine Beratungsfunktion ist durch das Therapiemonopol des Arztes sehr begrenzt, obwohl es hier durchaus Spielraum für leistungsfähige und moderne Apotheker gäbe.

Tatsächlich also wird die Arzneimittelversorgung durch die Ärzte bestimmt. Dort, wo Ärzte verordnen und ein hinreichendes Verordnungsvolumen zusammenkommt, wird nach den Gesetzen der Marktwirtschaft eine Apotheke ihren Standort wählen. Wo Ärzte sind, folgt der Apotheker. Das System der ärztlichen Versorgung im Rahmen der Gesetzlichen Krankenversicherung sichert trotz aller Klagen und Diskussionen um regionale Engpässe, dass die Bevölkerung in Deutschland flächendeckend mit Ärzten und deren Leistungen versorgt ist. Das bedeutet gleichzeitig, dass auch eine sichere Arzneimittelversorgung in allen Regionen funktioniert.

Festpreise für verschreibungspflichtige Arzneimittel haben dagegen keine Bedeutung für die Gewährleistung einer flächendeckenden Versorgung. Im Gegenteil: Sie behindern durch das Erhalten kleiner suboptimaler und finanzschwacher Apothekenbetriebe sogar eine moderne effiziente und zukunftsorientierte Versorgung. Sie verursachen hierdurch erhebliche volkswirtschaftliche Kosten. Festpreise verhindern mit dem Erhalt zu schwacher Apotheken flächendeckende Innovationen und Investitionen in moderne pharmazeutische Informations-, Kommunikations- und Logistiksysteme. Das gilt auch für die Entwicklung von moderne integrierten und gleichzeitig komplexen Systemen des Medikationsmanagements, die hohe Finanzierungerfordernisse mit sich bringen. Schließlich verhindert das System fester Arzneimittelpreise eine optimale räumliche Allokation der Apotheken und verursacht volkswirtschaftliche Kosten nicht zuletzt zu Lasten der Patienten.

Bei einem ausreichenden Verordnungsumsatz durch die Ärzte in den Teilräumen werden bei flexiblen Preisen Apotheken, vom Markt gesteuert, ihre Distributionsfunktion deutlich effizienter wahrnehmen. Je größer, finanzkräftiger und leistungsfähiger eine Apotheke ist, desto effizienter wird sie in einem System flexibler Preise die Distribution auch in der Fläche leisten und ihre pharmazeutische Beratungsfunktion wahrnehmen. Dazu gehören insbesondere auch Botendienste und eine moderne Logistikorganisation. Mit ihnen können insbesondere in weiten ländlichen Räumen Lieferungen des täglichen Geschäftes aber auch solche im Rahmen von Nacht- und Notdiensten durchgeführt werden. Allerdings wird hierzu die pharmazeutische und betriebswirtschaftliche Optimierung des Unternehmens auf einem nachhaltig hohen Niveau erforderlich sein. Neue zukunftsorientierte Betriebsorganisationen werden in größeren Unternehmen die Leistungsfähigkeit der Apotheken steigern.

Die Distribution der von den Ärzten determinierten Arzneimittel einschließlich einer pharmazeutischen Betreuung kann, wie historische Erfahrungen in Deutschland und nicht zuletzt in anderen europäischen Staaten (z.B. Skandinavien) zeigen, auch und wesentlich effektiver von weniger, dafür aber optimierten Apotheken geleistet werden.

Das gilt in der Zukunft umso mehr, als moderne Informations-, Kommunikations- und Logistikverfahren ohnehin die traditionellen Dispensierungsmethoden ablösen werden. Nur leistungsfähige größere Apothekenunternehmen werden in Zukunft eine Rolle spielen in einem mit Ärzten und anderen Gesundheitsdienstleistern integrierten Gesundheitsmanagement.

Introduction and Summary

The German healthcare system, based on the Bismarck model, is dominated by the Social Health Insurance (SHI). About 87 percent of the German population is covered by a variety of insurance companies as part of the state controlled SHI. They provide sickness funds financed by their members. Their organization, management, activities, and services are regulated by a detailed legal framework. An integral part of this government supervised system is a complex process of planning and steering a nationwide consistent and regionally balanced supply of not stationary care services provided by general practitioners and specialized physicians. This task is accomplished in the context of a planning system by which a number of physicians is allocated to the different regions according to a fixed ratio "inhabitants/physicians". The detailed regulation of a nationwide balanced medical care by physicians has a high legally imposed priority in the German SHI. It demonstrates that planning and control comes first and that market mechanisms, although existing, have not the priority.

The process of planning medical services is in sharp contrast to the organization of a nationwide and consistent supply of medicinal products. Already in the year 1958 the German Constitutional Court has decided that there is no necessity for state authorities to plan the number and the regional allocation of pharmacies. Supply of medicines can be secured likewise by a large number or a low number of pharmacies. It does not matter whether a relatively high or a low number of inhabitants is supplied by a pharmacy. There is no question that the supply of medicines is important. However that does not justify a restriction of a person's right to exercise his profession and to earn a living by running a pharmacy.

Although the Constitutional Court had decided that the market mechanism is able to steer the supply of medicinal products the political system has decided to maintain a system of rigidly fixed prices for prescription-only medicines. The argument is that only such a fixed price system together with a ban on advertisement can secure the nationwide balanced and consistent supply of such products. In the articles of this publication it will be outlined that a system of fixed medicine prices is in no way necessary for such a balanced supply in all regions – on the contrary. The fixed price system is dysfunctional, causes not only a misallocation of pharmacies but also welfare losses. Their real purpose is to save suboptimal pharmacies causing social costs and to protect the German pharmacy system against competitors in other states of the European Union.

Against this background the question is how a nationwide and consistent supply of medicinal products can be organized efficiently and without risking health and life of human beings on the one hand and without welfare losses on the other? Who is it to decide upon the needs and the demand of prescription-only medicinal products and simultaneously upon their supply? Which role do the physicians, the pharmacies, the market mechanism and especially the prices play in this complex distribution organisation? Given a certain amount of demand for prescription drugs and politically fixed prices for them: are there too many pharmacies in the market to distribute medicines without welfare losses? Are the pharmacies efficiently allocated nationwide? Does the introduction of flexible prices for prescribed drugs endanger the nationwide supply of medicines and thus life and health of humans?

These are questions which are discussed in Germany since long as costs of medicine-consumption and the pharmacy distribution organisation are high and pose a significant financial burden for the health insurance system. At the same time and with regard to high politically fixed pharmacy margins in Germany the question is raised why there is no price flexibility to allocate financial welfare gains to the patient as customer.

To answer the basic first and second questions it is important to keep in mind, who really is responsible to fix the demand for prescription-only medicinal products.

These are the physicians who determine demand of prescription-only medicinal products. As it is outlined in the second article of this publication the physicians on the basis of their diagnostic analysis and their therapeutic decision determine the nature and the quantity of medicines to be delivered by pharmacies. Thus fixing of demand on the retail market exclusively by physicians simultaneously defines the supply of prescription-only drugs. The pharmacist is not allowed to negotiate with the customer about the quantity or even the price. He further is not entitled to change singlehandedly the prescribed quantity or quality of medicines. Given the fixed-price-system in Germany there is no way either to use the prices as means to generate customer loyalty or to increase the number of clients. Neither the quantities of prescribed medicines nor the politically fixed prices of these most important products, representing about 83 percent of his revenue, are the pharmacist's action parameters.

Thus the main und more unsatisfying role of the modern pharmacist is to follow and obey the physician and to merely distribute the medicines which mostly are prefabricated industrial products easy to sell. They are no longer the wisely hand-made curative of times gone by. The pharmacist's second and today the real intellectual role could be to give patients advice how to apply medicinal products and how to avoid unwanted side effects. However there are several reasons why this role is underdeveloped and at present not very important in reality.

According to the decisive position of the physician regarding therapies with medicines and the logic of the market mechanism one will find always a pharmacy in an area when in that a specific amount of prescriptions comes together representing sufficient revenue for a pharmacy. That means: when (a) medical care by physicians is provided nationwide and respectively in all areas and when (b) there is a sufficient number of prescribing physicians, especially GPs, in all different parts of the country then supply of prescription-only medicinal products is not at risk. The physicians basically ensure a consistent and nationwide supply of medicinal products to the population. Where there are physicians the pharmacist will follow. That is shown in the second article below.

In Germany at present with the fixed price system an average pharmacy needs the prescriptions of nearly seven physicians to gain the average revenue of prescription-only medicinal products (83 percent of its total revenue - number in 2013). In many if not most of the German urban and rural areas we find less than seven physicians per pharmacy. Thus most of the pharmacies gain less than the average revenue of nearly 1,9 Million € with "Earnings before Interest, Taxes, Depreciation and Amortization" of about 0,124 Million € (about 60 percent of German pharmacies gain less than that– see Article 3 below). That means: with relatively high fixed pharmacy margins and therefore high prices there are too many small, inefficient and suboptimal pharmacies on the market. That is outlined in article 3 of this publication. More flexible prices could balance the number of pharmacies regarding an optimal allocation and substantially increase their effectiveness. Thus price-flexibility can reduce welfare losses without posing a risk to the medicines supply of the population. On the contrary: in article 4 of this publication it is shown that flexible prices can balance the allocation of pharmacies and medicine distribution between regions.

All these conclusions are a leitmotiv in the second, third and fourth article of this publication. The system of fixed prices is not imperative to ensure a consistent nationwide supply of medicinal products. On the contrary: this rigid price system has negative effects regarding the number and regional allocation of pharmacies and with regard the technical progress of the pharmacy system. Last but not least fixed prices contribute to welfare losses of customers.

As it is outlined in detail in the third article of this publication there were about 20.440 pharmacies in Germany in the year 2014. The number is declining since 2008. As shown above about 60 percent of them operate below the average revenue. Estimated 5 to 12 percent at minimum of all pharmacies are already definitely suboptimal. They only survive because of high retail pharmacy margins respectively the fixed price system. The high number of inefficient, small and financially weak pharmacies on the market prevents technical progress. That would be necessary in order to develop modern pharmaceutically guided medication, communication, information and distribution systems. Fewer but larger and more effective pharmacies allocated in all regions of the country with modern logistics and an efficient delivery system can supply even patients in remote rural areas without delay day and night. As the history of pharmacies in Germany demonstrates a consistent supply of pharmaceutical products was feasible in the 1950ies with around 7.000 pharmacies supplying roughly 6.000 to 8.000 inhabitants each compared with the present situation with 20.440 pharmacies – too many - supplying around 4.000 inhabitants each (see article 3 und appendix 1).

As shown in article 4 of this publication the findings are based on the contributions of important economists. The essence of their research is: the fixed price system in Germany causes not only too many but also an unbalanced suboptimal allocation of pharmacies all over the nation. More price flexibility would initiate competition in areas where there are too many small and weak pharmacies. A certain but with regard to the supply of the population harmless number of them had to close sooner or later. However these small firms have the chance to move to regions where the number of pharmacies is low und where there are long distances between them. According to basic economic knowledge long distances between suppliers mean that transport costs of customers are relatively high and that therefore they are willing to pay a slightly higher price which is lower than the transport costs. The financial burden by the way is not too heavy for the customer because most of the costs are paid for by his health insurance. The customers share is not too high and corresponds with his distance to the pharmacy. This flexible price system and some competition among pharmacies will result in an optimal nationwide allocation of viable pharmacies and a basically optimized number of them. More flexibility of prices of prescription-only medical products will contribute to the reduction of welfare losses and will increase the positive welfare effects of a modern medication and distribution system.

There is still one political argument to consider which says that flexible prices for prescription medicines causes a destructive price competition between pharmacies and thus endanger the supply of these products. This is not reasonable. Traditionally and protected by the relevant German legal system the pharmacy system is composed of mainly small or medium-sized companies. A pharmacy is run by its owner who has to be a pharmacist and is the operating manager responsible for the running business and the safety of the delivery of medicines. Only up to three branches per pharmacy are authorised. Corporations are not entitled to run pharmacies. Pharmacy chains are not allowed. Thus it is clear that pharmacies can operate only in a specific area. Further it is clear that even the biggest pharmacies, restricted to a specific region as well, have not the financial means to eliminate viable competitors on the regional market. Further a war fought with dumping prices is illegal according the German competition law. Thus a destructive price competition could be excluded if a flexibility of prescription medicine prices were established. Instead, the opposite of a price war would certainly on the daily agenda. Pharmacies in specific areas would try come to illegal agreements on prices in order to avoid competition.

The different questions and arguments are discussed in the four articles of this publication:

1. Hannes Kern and Thomas Würtenberger explain the legal system of planning and controlling medical supply politically assessed as necessary to meet the respective needs of the public in a specific region. Planning is necessary because the public good "Health" is very high on the agenda of basic human rights. The state will not entirely rely on the market mechanism to provide medical help for every member of the population. In contrast to this supply of prescription-only medicines is only a distribution function of minor importance in which the market mechanism can be relied on. Therefore a system of fixed prices is not necessary to secure supply of medicines. On the contrary: It is protectionism.
2. Hans-Dieter Wichter outlines that the physicians determine need and demand of prescription-only medicinal products on the basis of their diagnostic analysis and their therapeutic decision. The pharmacist hands out the product. That is basically his function in the healthcare system. According to the decisive position of the physician regarding therapies with medicines and the logic of the market mechanism one will find always a pharmacy. In the end these are the physicians who ensure a consistent and nationwide supply of medicinal products to the population. Where there are physicians the pharmacist will follow. And there are too many followers. The reason is the fixed price system which attracts suboptimal pharmacies causing welfare losses.
3. In the third article Wichter analyses the present economic situation of the pharmacies in Germany. Again it is clear that there are too many pharmacies attracted by relatively high prices. That prevents a modernisation of the German pharmacy system.
4. The last article (Wichter) is an overview about economic studies to analyse the regional misallocation of pharmacies. A system of flexible or partly flexible prices could contribute to an optimal allocation of pharmacies.

2. Hannes Kern, Thomas Würtenberger

Preisbindung und Rabattverbot bei verschreibungspflichtigen Arzneimitteln – Fremdkörper oder integraler Bestandteil des nationalen Gesundheitswesens?

A. Einleitung

Der Bundesgesetzgeber hat durch das Zweite Gesetz zur Änderung arzneimittelrechtlicher und anderer Vorschriften[1] die Regelung des § 78 Abs. 1 AMG um einen weiteren Satz ergänzt. Danach gilt die Arzneimittelpreisverordnung auch für Arzneimittel, die in den Geltungsbereich des AMG verbracht werden. Die Regelung bedeutet letztlich eine Preisbindung bei verschreibungspflichtigen Arzneimitteln für den Versandhandel. Sie führt dazu, dass möglicherweise ein Bonusmodell einer EU-Versandhandelsapotheke gegen die arzneimittelrechtliche Preisbindung verstoßen könnte. Vor diesem Hintergrund hat das OLG Düsseldorf in einer EuGH-Vorlage dem Gerichtshof unter anderem die Frage vorgelegt, ob die § 78 Abs. 1 AMG a.F., § 78 Abs. 1 AMG n.F. europarechtskonform sind.[2]

Schon in seiner ersten „*DocMorris-Entscheidung*" im Jahr 2003 hat der EuGH festgehalten, dass eine Regelung, wonach in allen deutschen Apotheken für ein bestimmtes Medikament ein Festpreis gelte, vor allem im Hinblick auf den Eingriff in den freien Warenverkehr rechtfertigungsbedürftig ist. Obgleich rein wirtschaftliche Gründe eine Beschränkung des elementaren Grundsatzes des freien Warenverkehrs nicht rechtfertigen könnten, lasse sich nicht ausschließen, dass eine erhebliche Gefährdung des finanziellen Gleichgewichts des Systems der sozialen Sicherheit einen zwingenden Grund des Allgemeininteresses darstellen könne, der eine derartige Beschränkung rechtfertigen könnte. Überdies könnte ein nationaler Markt für verschreibungspflichtige Arzneimittel durch Faktoren nichtwirtschaftlicher Art gekennzeichnet sein, so dass eine nationale Regelung, die die

---

[1] Gesetz vom 19.10.2012 – Bundesgesetzblatt Teil I 2012 Nr. 50 25.10.2012 S. 2192.
[2] OLG Düsseldorf, Vorlagebeschluss vom 24. März 2015 – I-20 U 149/13, 20 U 149/13 –, Rn. 23 f., juris.

Verkaufspreise für bestimmte Arzneimittel festlege, deshalb beizubehalten sein, weil sie einen *„integralen Bestandteil des nationalen Gesundheitswesens"* bilde.[3]

Der EuGH hat damit den Begriff des *„integralen*[4] *Bestandteils"* des nationalen Gesundheitswesens geprägt (in der englischen Fassung: *„an integral part of the national health system"*; in der französischen Fassung: *„intégrante du système de santé national"*). Wenn die Preisbindungsregelung einen solchen integralen Bestandteil bilden würde, dann könnte sie gerechtfertigt sein. Wenn nicht, dann dürfte die Regelung unionsrechtswidrig sein. Entscheidend ist daher: Was zählt zu den integralen Bestandteilen des deutschen Gesundheitswesens? Gehört eine Preisbindung bei verschreibungspflichtigen Arzneimitteln hierzu oder bildet sie vielmehr einen Fremdkörper in der Regulierung des Gesundheitsmarktes?

Dieses Abstellen auf den *„integralen Bestandteil"* des nationalen Gesundheitsmarktes ist letztlich eine Konkretisierung der Verhältnismäßigkeitsprüfung bei Eingriffen in die Waren- oder Dienstleistungsfreiheit. Dies bedeutet: Je weiter eine Beschränkung der Grundsätze des freien Warenverkehrs und der Dienstleistungsfreiheit reicht, desto höher müssen die Anforderung an die Rechtfertigung dieser Beschränkung sein. Je bedeutender die Regelung tatsächlich für das Gesundheitswesen ist, desto eher kann die mit ihr verbundene Beschränkung der Grundsätze des freien Warenverkehrs und der Dienstleistungsfreiheit gerechtfertigt werden. Mit dem Begriff des *„integralen Bestandteils"* hat der EuGH die erforderliche hohe Bedeutung der konkreten Regelung für den Gesundheitsmarkt hervorgehoben, um die mit ihr verbundenen Beschränkungen zu rechtfertigen. Mit anderen Worten: Bei der Preisbindung muss es sich tatschlich um eine ganz wesentliche, tragende Säule des nationalen Gesundheitswesens handeln. Mit ihr muss die

---

[3] EuGH, Urteil vom 11. Dezember 2003 – C-322/01 –, Rn. 122, juris. Ferner hat der EuGH festgestellt: „Jedoch haben weder der Apothekerverband noch die Mitgliedstaaten, die Erklärungen beim Gerichtshof eingereicht haben, Argumente für die Erforderlichkeit der APO vorgetragen. Angesichts des Umstands, dass solche Argumente nicht vorgebracht worden sind, lässt sich nicht die Feststellung treffen, dass das Verbot des Versandhandels mit Arzneimitteln in Deutschland, was verschreibungspflichtige Arzneimittel angeht, durch Gründe des finanziellen Gleichgewichts des Systems der sozialen Sicherheit oder der Intaktheit des nationalen Gesundheitswesens gerechtfertigt werden kann." (Rn. 123).

[4] Nach Duden: *„zu einem Ganzen dazugehörend und es erst zu dem machend, was es ist"* (www.duden.de).

Regulierung des deutschen Gesundheitswesens stehen und fallen. Nur dann wäre sie ein integraler Bestandteil des deutschen Gesundheitswesens.

Vor diesem Hintergrund stellt sich daher konkret die Frage, welches die integralen Bestandteile des deutschen Gesundheitswesens sind. Im Folgenden wird dargelegt, dass das deutsche Gesundheitswesen vor allem durch eine örtliche Bedarfsplanung gekennzeichnet ist. Diese wird auf Leistungserbringerseite vollzogen (hierzu nachfolgend unter Ziff. **B.**). Hier wird massiv in die Berufsausübung bzw. die Dienstleistungsfreiheit eingegriffen, indem die Erbringung von Gesundheitsleistungen im Grundsatz nur denjenigen vorbehalten bleibt, deren Bedarf festgestellt worden ist. Dies betrifft insbesondere die Bedarfsplanung im Bereich der stationären und der ambulanten vertragsärztlichen Versorgung der Patienten. Auf diese gehen wir im Folgenden Ziff. **C.** und **D.** ein.

Für die Arzneimittelversorgung bzw. für das Apothekenwesen existiert eine solche Bedarfsplanung hingegen nicht. Sie war in den Anfängen der Regulierung des deutschen Gesundheitswesens vorgesehen. Das Bundesverfassungsgericht hat sie jedoch in seinem *„Apothekenurteil"* für verfassungswidrig erklärt: Eine Bedarfsplanung für Apotheken sei nicht zwingend erforderlich. Das Bundesverfassungsgericht hat damit selbst zum Ausdruck gebracht, dass dem Apothekenwesen jedenfalls nicht die gleichhohe Bedeutung wie der Leistungserbringerseite zuerkannt werden kann. Denn hätte es dem Apothekenwesen diese Bedeutung zugemessen, dann hätte es die Bedarfsplanung für verfassungskonform erklärt. Dies hat das Bundesverfassungsgericht aber gerade nicht getan. Die maßgeblichen Details hierzu stellen wir nachfolgend unter Ziff. **E.** ein.

Misst man aber dem Apothekenwesen im deutschen Gesundheitswesen nicht die gleichhohe Bedeutung bei wie der Leistungserbringerseite, dann könnte dem Apothekenwesen allein deshalb die integrale Bedeutung im Gesundheitswesen aberkannt werden. Gleichwohl ist unbestreitbar, dass die Arzneimittelversorgung wohl nicht integraler, aber doch wichtiger Bestandteil des nationalen Gesundheitswesens ist. Dies führt zu der Folgefrage, ob die Preisbindung dennoch gerechtfertigt sein könnte. Dem ist jedoch entgegenzuhalten, dass gerade im Apothekenwesen noch zahlreiche andere Regulierungsinstrumente vorgesehen sind, die gegenüber einer Preisbindung die deutlich milderen Mittel sind. Darauf ist im Folgenden unter Ziff. **F.** einzugehen.

B. Überblick über die Bestandteile des deutschen Gesundheitswesens: Hoheitliche Bedarfsplanung verbunden mit hoheitlichen Eingriffsmöglichkeiten

Die Gesundheit und die körperliche Unversehrtheit der Menschen genießt in der Wertordnung des Grundgesetzes und des Unionsrechts höchsten Schutz. Nach der Rechtsprechung des Bundesverfassungsgerichts folgt aus Art. 2 Abs. 2 GG eine verfassungsrechtlich verankerte Pflicht, sich schützend und fördernd vor das Leben des Einzelnen zu stellen.[5] Diese Verpflichtung dient der Erfüllung der Kernaufgabe des Staates in der sozialstaatlichen Ordnung des Grundgesetzes, die Bevölkerung vor dem Risiko von Erkrankungen zu schützen.[6] Auch nach der Rechtsprechung des EuGH stellt der Schutz der Gesundheit der Bevölkerung eine Grundaufgabe des Staates dar.[7]

Aus dieser verfassungsrechtlichen Wurzel leitet sich ein konkreter Anspruch der Bevölkerung auf Sicherstellung einer Gesundheitsversorgung ab. Jeder Versicherte bzw. jeder Bürger soll in quantitativer wie qualitativer Hinsicht diejenige Gesundheitsversorgung erhalten, die er benötigt. Konkret besteht eine staatliche Verpflichtung zur Sicherstellung einer – auch im jeweiligen Einzelfall – bedarfsgerechten Versorgung. Der staatliche Auftrag im Bereich des Gesundheitswesens konzentriert sich deshalb auf die Sicherstellung einer bedarfsgerechten Versorgung – mit der Zielsetzung Unter-, Über- und/oder Fehlversorgungen zu vermeiden.[8]

---

[5] Vgl. BVerfG, Urteil vom 15.02.1975, Az.: 1 BvF 1/74 u.a.; BVerfGE 39, 1 (42); BVerfG, Beschluss vom 26.02.2010, Az.: 1 BvR 1541/09, NJW 2010, 1953.
[6] Vgl. BVerfG, Beschluss vom 10.06.2009, Az.: 1 BvR 706/08, BVerfGE123, 186; Rdnr. 171 bei Juris.
[7] Vgl. EuGH, Urteil vom 11.06.2009, Az.: Rs. C-300/07; Slg. 2009, I-4779; Rdnr. 50 – Orthopädie Schuhtechnik.
[8] Vgl. Sachverständigenrat zur Begutachtung der Entwicklung im Gesundheitswesen, bedarfsgerechte Versorgung - Perspektiven für ländliche Regionen und ausgewählte Versorgungsbereich (Gutachten 2014), S. 28.

Dieses wohl höchste Schutzgut der Gesundheit der Bevölkerung rechtfertigt auch besondere Eingriffe in die Grundrechte und Grundfreiheiten der im Gesundheitsmarkt beteiligten Akteure. Das Gesundheitswesen lässt – anders als andere Bereiche der gewerblichen Betätigung – eine besonders intensive Regulierung zu. Das Schutzgut der Gesundheit der Bevölkerung erfordert dies auch.

Vor diesem Hintergrund wird der staatliche Versorgungsauftrag umgesetzt durch ein enges Regelungsgeflecht des Rechts der Gesetzlichen Krankenversicherung (SGB V) sowie der Regelungen über die stationären Versorgung mit Krankenhausleistungen (Krankenhausfinanzierungsgesetz – KHG) und zur Arzneimittelversorgung durch Apotheken (Apothekengesetz – ApoG).

Hierbei sind zwei Ebenen zu unterscheiden: Die erste Eben ist die *„Leistungsebene"*. Über das sozialrechtliche System der Pflichtversicherung und den Leistungs- bzw. Versorgungskatalog des SGB V[9] wird auf *„Leistungsebene"* gewährleistet, dass der Großteil der Bevölkerung Anspruch auf eine bedarfsgerechte Versorgung hat (hierzu nachfolgend unter Ziff. **I.**). Die zweite Ebene ist die *„Leistungserbringungsebene"*. Auf der *„Leistungserbringungsebene"*, welche der *„Leistungsebene"* vorgelagert ist, wird durch ein engmaschiges Netz an Regelungen und durch die Einbeziehung weiterer Akteure – z.B. der kassenärztlichen Vereinigungen – sichergestellt, dass der Anspruch der Versicherten auf eine bedarfsgerechte Versorgung im konkreten Einzelfall (*„Leistungsfall"*) erfüllt werden kann. Auf *„Leistungserbringungsebene"* ist das nationale Gesundheitssystem gekennzeichnet durch eine staatliche Bedarfsplanung und hoheitliche Eingriffsmöglichkeiten (hierzu nachfolgend unter Ziff. **II.**).

Die Bedarfsplanung ist die wohl weitreichendste Form der staatlichen Marktregulierung. Sie ist regelmäßig – nicht nur im Gesundheitswesen – mit einer erheblichen Einschränkung der gewerblichen Betätigungsmöglichkeiten der jeweiligen Marktteilnehmer verbunden. Denn die Bedarfsplanung ist

---

[9] So heißt es unter § 1 Abs. 1 SGB V: *„Die Solidargemeinschaft hat die Aufgabe, die Gesundheit der Versicherten zu erhalten, wiederherzustellen oder ihren Gesundheitszustand zu bessern."*

dadurch gekennzeichnet, dass nur eine bestimmte Anzahl an Marktteilnehmern zugelassen wird. Es gibt eine zahlenmäßige Beschränkung der Marktteilnehmer. Dabei handelt es sich um diejenigen Akteure, die aus staatlicher Sicht erforderlich sind, um den jeweiligen Bedarf zu decken. Ist der Bedarf gedeckt, dann hat dies zur Folge, dass eine Tätigkeit am Markt für „Newcomer" grundsätzlich verschlossen ist. Sie ist allenfalls dann möglich, wenn ein „Newcomer" im Gegenzug Konkurrenten verdrängen würde.

Diese zahlenmäßige Limitierung auf den jeweiligen Bedarf stellt damit einen weitrechenden und einschneidenden Eingriff in die Gewerbefreiheit dar. Sie bedarf daher regelmäßig der besonderen Rechtfertigung, wie wir dies exemplarisch an späterer Stelle anhand des Apothekenurteils noch im Einzelnen darlegen werden. Die Bedarfsplanung unterscheidet sich vor allem auch von der sonst üblichen Marktregulierung (nur) durch hoheitliche Eingriffsmöglichkeiten. Danach ist im Grundsatz jeder zugelassen, der bestimmte rechtliche Anforderungen erfüllt (z.B. in persönlicher Hinsicht zuverlässig ist). Im Grundsatz darf sich jeder in dem jeweiligen Markt frei betätigen. Dies ist der Unterschied zu einer Bedarfsplanung. Der Markt kann aber, falls erforderlich, durch hoheitliche Eingriffsmöglichkeiten überwacht werden.

Im Folgenden skizzieren wir nunmehr das deutsche Gesundheitswesen, das auf Leistungserbringerseite durch eine Bedarfsplanung charakterisiert ist, die mithin den integralen Bestandteil des deutschen Gesundheitswesens bildet:

I. Leistungsebene: Anspruch der Versicherten auf eine bedarfsgerechte Versorgung

Die Mitglieder der gesetzlichen Krankenversicherung haben nach § 2 Abs. 1 S. 1 i.V.m. § 11 bis 68 SGB V Anspruch auf eine bedarfsgerechte Gesundheitsversorgung.

Konkretisiert und auf der Wertungsebene korrigiert wird der Leistungsanspruch der gesetzlichen Versicherten durch das in § 12 Abs. 1 S. 1 SGB V geregelte *„Wirtschaftlichkeitsgebot"*. Nach § 12 Abs. 1 S. 1 SGB V müssen die Leistungen der gesetzlichen Krankenversicherung *„ausreichend, zweckmäßig und wirtschaftlich"* sein und dürfen das *„Maß des Notwendigen"* nicht überschreiten. Sämtliche Leistungen der GKV sind unter diese *„Anforderungstrias"*[10] gestellt.

Entgegen seines Namens erhebt das Wirtschaftlichkeitsgebot allerdings nicht die Finanzierbarkeit zur Grundmaxime des Leistungsanspruches der Versicherten. Vielmehr löst es vorrangig das historisch geprägte Versprechen der GKV als Zwangsversicherung einer Krankheitsvollversicherung ein, wonach kranke Menschen nicht mittellos werden und mittellose Menschen nicht krank bleiben dürfen.[11]

In seinem Kern hat das Wirtschaftlichkeitsgebot sowohl *„leistungsbegründende"* als auch *„leistungsbegrenzende"* Funktion.[12] Die Bedarfsgerechtigkeit der Versorgung wird im Einzelfall über die Kriterien der *„Notwendigkeit"* und der *„Erforderlichkeit"* abgesichert.

---

[10] Zum Begriff: *Joussen*, in: Beck`scher Online-Kommentar Sozialrecht (Stand: 01.03.2015), § 12 SGB V Rdnr. 1.
[11] Vgl. BVerfG, Urteil vom 06.12.2005, Az.: 1 BvR 347/98; NZS 2006, 84; *Roters*, in: Kasseler Kommentar zum Sozialversicherungsrecht, 85. Ergänzungslieferung 2015, § 12 SGB V, Rdnr. 24.
[12] Vgl. *Scholz*, in: Becker/Kingreen, SGB V, 4. Aufl. 2014, § 12 Rdnr. 2; *Wendtland*, in: Beck`scher Online-Kommentar Sozialrecht, § 70 Rdnr. 3.

II. Leistungserbringungsebene: Hoheitliche Bedarfsplanung verbunden mit Eingriffsbefugnissen als Instrumente der Gewährleistung einer bedarfsgerechten Versorgung

Der Anspruch der gesetzlich Versicherten auf eine bedarfsgerechte und flächendeckende Versorgung wird auf der sog. *„Leistungserbringungsebene"* umgesetzt. Die Gewährleistung bzw. Sicherstellung einer bedarfsgerechten Versorgung obliegt den im Gesundheitswesen tätigen Akteuren. Dies sind die gesetzlichen Krankenkassen sowie vor allem die Leistungserbringer (hierzu nachfolgend unter Ziff. 1.).

Wesentliches Element der Bedarfsgerechtigkeit der Versorgung ist dabei die Sicherstellung einer möglichst *„flächendeckenden"* Versorgung (hierzu nachfolgend unter Ziff. 2.).

Allerdings beschränken sich die vom Gesetzgeber vorgesehenen Instrumentarien zur Gewährleistung einer bedarfsgerechten Versorgung nicht ausschließlich auf das SGB V. Denn die insoweit maßgeblichen Regelungen finden ihre Grundlage neben dem SGB V auch im Gesetz zur Sicherung der Krankenhäuser und zur Regelung der Krankenhauspflegesätze (Krankenhausfinanzierungsgesetz – KHG) sowie im Gesetz über das Apothekenwesen (Apothekengesetz – ApoG). Die dort enthaltenen Regulierungsinstrumente lassen sich als ein engmaschiges System der hoheitlichen Bedarfsplanung und flankierender hoheitlicher Eingriffsbefugnisse zusammenfassen (hierzu nachfolgend unter Ziff. 3.).

1. Verpflichtung der Gesetzlichen Krankenkassen und der Leistungserbringer zur Sicherstellung einer bedarfsgerechten Versorgung

Nach der Konzeption des Versorgungssystems der gesetzlichen Krankenversicherung sind die gesetzlichen Krankenkassen und die Leistungserbringer verpflichtet, eine bedarfsgerechte Versorgung der gesetzlich Versicherten zu gewährleisten.

Normative Grundlage ist § 70 Abs. 1 S. 1 SGB V. Dort heißt es:

> *„Die Krankenkassen und die Leistungserbringer haben eine bedarfsgerechte und gleichmäßige, dem allgemein anerkannten Stand der medizinischen Erkenntnisse entsprechende Versorgung der Versicherten zu gewährleisten."*

Die in § 70 Abs. 1 S. 1 SGB V enthaltene Regelungen zählt zu den grundlegenden Vorschriften des Leistungserbringungsrechts der Gesetzlichen Krankenversicherung. Dies zeigt schon ihr Standort im 1. Abschnitt des Vierten Kapitels (*„Beziehungen der Krankenkassen zu den Leistungserbringern"*) des SGB V. Die Verpflichtung zur Gewährleistung einer bedarfsgerechten Versorgung gilt nicht nur für einzelne, sondern für alle Leistungsbereiche der gesetzlichen Krankenversicherung.[13] § 70 Abs. 1 S. 1 SGB V hebt zudem die gemeinsame Verantwortung der gesetzlichen Krankenkassen und der Leistungserbringer für die Versorgung der Versicherten hervor.[14]

Aus der in § 70 Abs. 1 S. 1 SGB V verankerten Verpflichtung zur Gewährleistung einer bedarfsgerechten Versorgung folgt für die Kassen und die Leistungserbringer, dass sie ihr Handeln an dem Ziel auszurichten haben, einen vorhandenen Bedarf nach Gesundheitsleistungen zu decken. Der Bedarfsbegriff setzt dabei neben einem bloß subjektiven Nachfrageelement zusätzlich ein objektiv feststellbares Bedürfnis nach Versorgung voraus in dem Sinne, dass der Bedarf einen Zustand darstellt, dessen Behandlung gesundheitlichen Nutzen erwarten lässt.[15]

2. Flächendeckende Versorgung als wesentliches Element der Bedarfsgerechtigkeit

---

[13] Vgl. *Wendtland*, in: Beck`scher Online-Kommentar Sozialrecht (Stand: 01.09.2014), § 70 SGB V, Rdnr. 5.
[14] Vgl. *Scholz*, in: Becker/Kingreen, SGB V, 4. Aufl. 2014, § 70 Rdnr. 1.
[15] Vgl. *Schwartz*, GesWes 2001, 127, 129.

Die Erreichbarkeit der Gesundheitsleistungen stellt ein wesentliches Element der Bedarfsgerechtigkeit dar. Das Niveau der gewünschten und als notwendig erachteten Erreichbarkeit kann zwischen dünn und dicht besiedelnden Regionen variieren.[16] Die Gewährleistung einer flächendeckenden Versorgung ist deshalb eine der wesentlichen Herausforderungen bei Umsetzung des verfassungsrechtlichen Versorgungsauftrages.[17] Das Erfordernis einer regional gleichmäßig erreichbaren Versorgung ist im Leistungserbringungsrecht der Gesetzlichen Krankenversicherung in § 70 Abs. 1 SGB V („*gleichmäßige Versorgung*") verankert und aus Gründen des verfassungsrechtlichen Gleichbehandlungsgebot (Art. 3 Abs. 1 GG) geboten.[18]

3. Befund: Sicherstellung einer flächendeckenden Versorgung durch engmaschiges System der Bedarfsplanung und hoheitliche Eingriffsbefugnisse

Eine Analyse der maßgeblichen Versorgungssektoren im Gesundheitswesen kommt zu einem eindeutigen Ergebnis. Der Gesetzgeber hat sich festgelegt, mit welchen Instrumenten und Mechanismen eine flächendeckende Versorgung mit Gesundheitsleistungen zum Schutz der Gesundheit der Bevölkerung sichergestellt werden soll.

Diese sind in der nachfolgenden Übersicht auszugweise skizziert:

---

[16] Vgl. Sachverständigenrat zur Begutachtung der Entwicklung im Gesundheitswesen, bedarfsgerechte Versorgung - Perspektiven für ländliche Regionen und ausgewählte Versorgungsbereich (Gutachten 2014), S. 38.
[17] Vgl. HessLSG, Beschluss vom 29.11.2007, Az.: L 4 KA 56/07 ER, MedR 2008, 172, 174 zu bedarfsplanerischen Kriterien bei der Zulassungspraxis).
[18] Vgl. *Scholz*, in: Becker/Kingreen, SGB V, 4. Aufl. 2014, § 12 Rdnr. 3.

Übersicht Instrumente zur Sicherstellung einer flächendeckenden Versorgung in den einzelnen Versorgungsbereichen		
Versorgungsbereich	Instrument zur Sicherstellung einer flächendeckenden Versorgung	
ambulante vertragsärztliche Versorgung	Bedarfsplanung & Zulassungsbeschränkungen (§§ 99 ff. SGB V)	
stationäre Versorgung (Krankenhäuser)	Bedarfsplanung gem. § 6 und 8 KHG	
Versorgung mit (verschreibungspflichtigen) Arzneimitteln	Groß-handel	Sicherstellungsauftrag für pharmazeutische Unternehmer und Arzneimittelgroßhändler (§ 52b AMG)
	Apothe-ken	u.a. Erlaubnis zum Betrieb einer Zweigapotheke gem. § 16 ApoG und Möglichkeit der Eröffnung von Notapotheken gem. § 17 ApoG

C. Sicherstellung einer bedarfsgerechten ambulanten (vertragsärztlichen) Versorgung

In der ambulanten vertragsärztlichen Versorgung erfolgt die Steuerung des ärztlichen Angebotes in erster Linie über die Bedarfsplanung und das kassenärztliche Zulassungsrecht.

Beide Instrumentarien wurden mit dem Gesetz zur Sicherung und Strukturverbesserung der gesetzlichen Krankenversicherung (Gesundheitsstrukturgesetz – GSG)[19] im Jahre 1992 eingeführt. Die Sicherstellung einer flächendeckenden ambulanten Versorgung der Bevölkerung erfolgt primär durch das ausdifferenzierte System der ambulanten Bedarfsplanung. Die Sicherstellung einer bedarfsgerechten Versorgung ist hoheitlich geregelt und ausgestaltet. Sie ist der Regulierung durch marktseitige Mechanismen (insb. Angebot & Nachfrage) entzogen.

1. Aktueller Befund: Funktionsfähigkeit und Erfolg der vertragsärztlichen Bedarfsplanung

Die in Deutschland aktuell praktizierte vertragsärztliche Bedarfsplanung hat sich zu einem Erfolgsmodell entwickelt. Denn in Deutschland bestehen aktuell fast flächendeckend eine Überversorgung und damit eine deutlich höhere Arztdichte als nach den Maßstäben der Bedarfsplanung für bedarfsgerechte Versorgung der Bevölkerung benötigt wird.[20] Unterversorgungen existieren in Deutschland rein tatsächlich nur in wenigen Ausnahmefällen.

Die tatsächliche Versorgungssituation belegt damit, dass es sich bei dem in der vertragsärztlichen Versorgung praktizierten Instrumentarium der Bedarfsplanung um ein effizientes und erfolgreiches Mittel zur Sicherstellung einer bedarfsgerechten (insb. flächendeckenden) vertragsärztlichen Versorgung der Bevölkerung in Deutschland handelt.

---

[19] Vgl. BGBl. Nr. 59 vom 29.12.1992, Teil I, S. 2266.
[20] Vgl. Faktenblatt „*Bedarfsplanung und Versorgung*" des GKV-Spitzenverbandes (Stand: 16.05.2014), S. 4.

2. Zuständigkeit der Kassenärztlichen Vereinigungen für Sicherstellung der vertragsärztlichen Versorgung

Im Leistungserbringungsrecht des SGB V hat der Gesetzgeber den Kassenärztlichen Vereinigungen in § 75 Abs. 1 S. 1 SGB V eine umfassende Verpflichtung bzw. einen umfassenden Auftrag zur Sicherstellung einer bedarfsgerechten ärztlichen Versorgung eingeräumt (sog. *„Sicherstellungsauftrag der Kassenärztlichen Vereinigungen"*). Der Sicherstellungsauftrag der kassenärztlichen Vereinigungen ist Konsequenz der kollektivvertraglichen Organisation der gesetzlichen Krankenversicherung und des sog. *„Sachleistungsprinzips"* (vgl. § 2 Abs. 2 SGB V).[21]

Bei der Erfüllung ihres Sicherstellungsauftrages haben sich die kassenärztlichen Vereinigungen und Bundesvereinigungen an den Zielvorgaben des § 70 Abs. 1 S. 1 SGB V zu orientieren. Konkret folgt hieraus die Verpflichtung, eine bedarfsgerechte Versorgung herzustellen. Zur bedarfsgerechten Versorgung gehört insb. die Sicherstellung einer weitestgehend flächendeckenden Versorgung.[22] Dies ergibt sich aus § 101 Abs. 1 S. 6 SGB V, wonach die innerhalb der Bedarfsplanung maßgeblichen regionalen Planungsbereiche so festzulegen sind, dass eine *„flächendeckende Versorgung sichergestellt wird"*.

Die kassenärztlichen Vereinigungen der Länder haben nach § 105 Abs. 1 SGB V gemeinsam mit Unterstützung der kassenärztlichen Bundesvereinigung entsprechend den Bedarfsplänen alle finanziellen und sonstigen Maßnahmen zu ergreifen, um die Sicherstellung der vertragsärztlichen Versorgung zu gewährleisten, zu verbessern oder zu fördern. Hierzu gehört gem. § 100 SGB V insb. die Vermeidung und Beseitigung von Unterversorgung.

---

[21] Vgl. *Huster*, in: Becker/Kingreen, SGB V, 4. Aufl. 2014, § 75 Rdnr. 2.
[22] Vgl. *Wendtland*, in: Beck'scher Online-Kommentar Sozialrecht (Stand: 01.09.2014), § 75 SGB V, Rdnr. 5.

3. Sicherstellung einer flächendeckenden vertragsärztlichen Versorgung durch Bedarfsplanung

Das im deutschen Recht vorgesehene Instrumentarium zur Sicherstellung einer flächendeckenden vertragsärztlichen Versorgung ist in §§ 99 bis 105 SGB V geregelt und wird durch die 2013 grundlegend neu gestalteten Bedarfsplanungsrichtlinien[23] (§ 92 Abs. 1 Nr. 9 SGB V) des Gemeinsamen Bundesausschusses (GBA) ergänzt bzw. ausgestaltet. Grundlage für die Bedarfsplanung ist der sog. *„Bedarfsplan"*. Dieser bildet die Grundlage für die Feststellung einer Über- oder Unterversorgung und die hieran anknüpfenden Maßnahmen. Hierzu im Einzelnen:

a) Bedarfsplan als Grundlage für die Feststellung einer Über- oder Unterversorgung

Nach § 99 Abs. 1 S. 1 SGB V haben die Kassenärztlichen Vereinigungen im Einvernehmen mit den Landesverbänden der Krankenkassen und den Ersatzkassen nach Maßgabe der vom Gemeinsamen Bundesausschuss erlassenen Richtlinien auf Landesebene einen Bedarfsplanung zur Sicherstellung der vertragsärztlichen Versorgung aufzustellen und jeweils der Entwicklung anzupassen. Mit Hilfe des Bedarfsplans wird der Bedarf an vertragsärztlichen Versorgung im Planungsgebiet ermittelt und überwacht.[24] Die Bedarfsplanung dient einer mittel- und langfristig wirksamen Sicherstellung der vertragsärztlichen Versorgung (vgl. § 12 Zulassungsverordnung für Vertragsärzte – Ärzte-ZV).

Der Bedarfsplan hat Planung- und Sicherstellungsfunktion. Er bildet die Grundlage für die Prüfung, ob im Planungsgebiet eine Unter- bzw. Überversorgung eingetreten ist oder zu befürchten

---

[23] Richtlinie des Gemeinsamen Bundesausschusses über die Bedarfsplanung sowie die Maßstäbe zur Feststellung von Überversorgung und Unterversorgung in der vertragsärztlichen Versorgung i.d.F. vom 06.03.2015 (BAnz AT 06.03.2015 B3; sog. *„Bedarfsplanungs-Richtlinie"*).
[24] Vgl. *Igl*, MedR 200, 257 ff.; *Kaltenborn*, in: Becker/Kingreen, SGB V, 4. Aufl. 2014, § 99 Rdnr. 5.

ist.[25] Der Bedarfsplan stellt also die Grundlage für Maßnahmen zur Beseitigung einer Unterversorgung oder einer Überversorgung dar. Auch die Bedarfsprüfungen bei der Entscheidung über die Zulassung von Ärzten oder ärztlich geleitete Einrichtungen (vgl. § 95 Abs. 1 SGB V, §§ 31, 31a Ärzte-ZV) erfolgen auf der Grundlage des jeweiligen Bedarfsplans.

b) Grundlagen der Bedarfsplanung im Bereich der ambulanten (vertragsärztlichen) Versorgung

Maßstab für eine bedarfsgerechte vertragsärztliche Versorgung ist der *„allgemeine bedarfsgerechte Versorgungsgrad"*. Hierbei handelt es sich um eine nach Raumordnungskategorien, Versorgungsbereichen und Arztgruppen differenzierte Relation von Vertragsärzten und Einwohnern, welche der Gemeinsame Bundesausschuss auf der Grundlage *„einheitlicher Verhältniszahlen"* festlegt (vgl. § 101 S. 1 Nr. 1 SGB V). Der Maßstab - der allgemeine bedarfsgerechte Versorgungsgrad - markiert dabei den Zustand einer vertragsärztlichen Vollversorgung in einem regionalen Planungsbereiche. Die Einzelheiten der Bedarfsplanung sowie zur Feststellung einer Über- oder Unterversorgung sind in der Bedarfsplanungs-Richtlinie im Einzelnen geregelt.

Die Systematik zur Ermittlung des bedarfsgerechten Versorgungsgrad lässt sich verkürzt wie folgt beschreiben: Zunächst werden sog. Planungsbereiche ermittelt, die raumordnungsspezifischen Kategorien des Bundesamtes für Bauwesen und Raumordnung entsprechen.[26] Die Abgrenzung bzw. Definition der Planungsbereiche erfolgt nach verschiedenen Arztgruppen.[27] Im Bereich der Hausärztlichen

---

[25] Vgl. *Hess*, in: Kassler Kommentar zum Sozialversicherungsrecht (Stand: 85. Ergänzungslieferung 2015), § 99 Rdnr. 2.
[26] Die räumlichen Planungsbereiche ergeben sich aus § 7 Bedarfsplanungs-Richtlinie i.V.m. Anhang 3.
[27] Bis 2013 entsprachen die Planungsbereichen den Stadt- und Landkreisen. Diese starre Festlegung wurde im Jahre 2013 durch das GKV-Versorgungsstrukturgesetz (GKV-VStG) aufgehoben und deutlich

Versorgung sind die sog. *"Mittelbereiche"*, im Bereich der allgemeinen fachärztlichen Versorgung *"kreisfreie Städte, Landkreise und sog. Kreisregionen"*, im Bereich der spezialisierten fachärztlichen Versorgung die sog. *"Raumordnungsregionen"* und im Bereich der gesonderten fachärztlichen Versorgung die *"Bezirke der Kassenärztlichen Vereinigungen"* der in räumlicher Hinsicht maßgebliche Planungsbereich.[28]

Auf dieser Grundlage ergibt sich aus der Bedarfsplanung in jedem Planungsbereich eine geplante Zahl an Ärzten, die für eine bedarfsgerechte Versorgung der Bevölkerung als angemessen angesehen wird (sog. *"Sollzahl"*). Maßgebliches Kriterium für die Beurteilung der konkreten Versorgungssituation in einem Planungsbereich ist der Versorgungsgrad. Dieser setzt die Anzahl der Ärzte, die nach den Vorgaben der Bedarfsplanung für eine bedarfsgerechte Versorgung der Bevölkerung benötigt werden zu der tatsächlichen Arztwahl ins Verhältnis.[29] Über diesen Rechenschritt wird im Einzelfall festgestellt, ob eine Über- oder Unterversorgung vorliegt. Eine Unterversorgung wird dabei vermutet, wenn in einem Planungskreis der allgemeine bedarfsgerechte Versorgungsgrad einer Facharzt Gruppe unter 50 % bzw. bei Hausärzten unter 25 % sinkt.[30] Eine Überversorgung hingegen ist anzunehmen, wenn der Versorgungsgrad 110 % übersteigt (vgl. auch § 101 Abs. 1 SGB V).[31]

---

flexibilisiert. Nach § 101 Abs. 1 S. 6 SGB V sind die Planungsbereiche nach der aktuellen Systematik entsprechend der Maßgabe festzulegen, dass eine *„flächendeckende Versorgung"* sichergestellt wird.
[28] Vgl. im Einzelnen Anhang 3 Bedarfsplanungs-Richtlinie.
[29] Die Berechnung erfolgt nach folgender Formel: Versorgungsgrad = allgemeine Verhältniszahl x aktuelle Arztzahl x 100 ./. aktuelle Einwohnerzahl.
[30] Vgl. § 29 S. 1 Bedarfsplanungs-Richtlinie.
[31] Vgl. § 24 S. 1 Bedarfsplanungs-Richtlinie.

4. Instrumente zur Reaktion auf eine (drohende) Über- oder Unterversorgung

Das unter Ziff. 3 dargestellte System der Bedarfsplanung stellt die Grundlage für die Feststellung einer Über- oder Unterversorgung dar. Soweit eine Über- oder Unterversorgung festgestellt werden kann bzw. droht, ist diesem Zustand entgegenzutreten bzw. vorzubeugen. Hierfür enthalten das SGB V und die Bedarfsplanungs-Richtlinie ein engmaschiges Regelungsgeflecht möglicher Reaktionen auf eine (drohende) Über- oder Unterversorgung. Die maßgeblichen Instrumente und Handlungsmöglichkeiten sind nachfolgend zusammengefasst:

a) Situation einer (drohenden) Überversorgung

Zur Reaktion auf eine drohende Überversorgung bzw. im Zusammenhang mit Überversorgungen bestehen nach den §§ 99 ff. SGB V und den Regelungen der Bedarfsplanungs-Richtlinie insbesondere folgende Handlungsmöglichkeiten:

- Zulassungsbeschränkungen gem. § 103 Abs. 1 S. 2 SGB V

- Finanzielle Förderung von Zulassungsverzicht durch Kassenärztliche Vereinigung gem. § 105 Abs. 3 S. 1 SGB V

- Finanzielle Förderung durch Aufkauf der Arztpraxis durch Kassenärztliche Vereinigung gem. § 105 Abs. 3 S. 2 SGB V

- Sonderbedarfszulassung gem. § 103 Abs. 1 S. 1 Nr. 3 und Nr. 3a SGB V trotz Überversorgung

- Berufsausübungsgemeinschaft gem. § 103 Abs. 1 S. 1 Nr. 4 i.V.m. Abs. 3 SGB V („*Job-Sharing*")

- Beschäftigung angestellter Ärzte durch zugelassene Vertragsärzte in zulassungsbeschränkten Planungsbereichen gem. § 103 Abs. 1 S. 1 Nr. 5 SGB V

b) Situation einer (drohenden) Unterversorgung

Zur Reaktion auf eine drohende Unterversorgung bzw. im Zusammenhang mit Unterversorgungen bestehen nach den §§ 99 ff. SGB V und den Regelungen der Bedarfsplanungs-Richtlinie insbesondere folgende Handlungsmöglichkeiten:

- Verpflichtung der Kassenärztlichen Vereinigungen zur Beseitigung oder Abwendung der Unterversorgung innerhalb einer angemessenen Frist gem. § 100 Abs. 1 S. 2 SGB V

- Anordnung von Zulassungsbeschränkungen in anderen (nicht unterversorgten) Gebieten gem. § 100 Abs. 2 SGB V

- Gewährung finanzieller Hilfen für Vertragsärzte (§ 105 Abs. 1 S. 1 SGB V)

- Gewährung von Sicherstellungszuschlägen zum ärztlichen Honorar gem. § 105 Abs. 1 S. 1, Abs. 4 SGB V

- Bildung von Strukturfonds für unterversorgte Gebiete durch zuständige Kassenärztliche Vereinigung gem. § 105 Abs. 1a S. 1 SGB V

- Beteiligung bzw. Betrieb von Einrichtungen zur unmittelbaren Versorgung der Versicherten durch Kassenärztliche Vereinigungen gem. § 105 Abs. 1 S. 2 und S. 3 SGB V

- Beteiligung bzw. Betrieb von Einrichtungen zur unmittelbaren Versorgung der Versicherten durch Kommunen gem. § 105 Abs. 5 SGB V

5. Ergebnis: Sicherstellung einer flächendeckenden Versorgung im Bereich der vertragsärztlichen Versorgung durch Bedarfsplanung

Als Zwischenergebnis ist damit festzuhalten: Im Bereich der vertragsärztlichen Versorgung existiert ein engmaschiges System der Bedarfsplanung. Dieses ist so ausgestaltet, dass im Einzelfall Über- und Unterversorgungen von vornherein vermieden bzw. jedenfalls wirksam bekämpft werden können. Das nationale Gesundheitssystem vertraut damit im Bereich der Sicherstellung der vertragsärztlichen Versorgung gerade nicht auf wettbewerbliche Marktmechanismen, sondern stellt durch eine hoheitliche Bedarfsplanung sicher, dass im Einzelfall eine bedarfsgerechte Versorgung garantiert werden kann. Für die beteiligten Akteure im Rahmen der ambulanten ärztlichen Versorgung ergeben sich daraus die mit einer Bedarfsplanung immer verbundenen erheblichen Einschränkungen ihrer Berufsfreiheit bzw. ihrer Grundfreiheiten. Im Interesse an einer ausreichenden Versorgung der Bevölkerung mit Gesundheitsleistungen haben sie diese Einschränkungen jedoch hinzunehmen.

D. Bedarfsplanung im Rahmen der stationären ärztlichen Versorgung

Eine weitere tragende Säule dieser Bedarfsplanung ist neben der Bedarfsplanung im Rahmen der ambulanten ärztlichen Versorgung die im Folgenden skizzierte Krankenhausplanung, also die Bedarfsplanung im Rahmen der stationären ärztlichen Versorgung. Auch diese zählt zweifelsohne zu den integralen Bestandteilen des deutschen Gesundheitsmarktes. Sie unterwirft die einzelnen Leistungserbringer zur Wahrung der stationären ärztlichen Versorgung ebenfalls weitgehenden Einschränkungen. Im Einzelnen besteht ein streng regulierter und durchstrukturierter Markt der stationären Krankenhausversorgung.

1. Ziel der wirtschaftlichen Sicherung der Krankenhäuser zur bedarfsgerechten Versorgung der Bevölkerung

Die Bedarfsplanung im Rahmen der stationären ärztlichen Versorgung ist bundesweit einheitlich durch das Gesetz zur wirtschaftlichen Sicherung der Krankenhäuser und zur Regelung der Krankenhauspflegesätze (KHG)[32] geregelt.

Zweck des Gesetzes ist die wirtschaftliche Sicherung der Krankenhäuser, um eine bedarfsgerechte Versorgung der Bevölkerung mit leistungsfähigen, eigenverantwortlich wirtschaftenden Krankenhäusern zu gewährleisten und zu sozial tragbaren Pflegesätzen beizutragen (§ 1 Abs. 1 KHG). Unter Krankenhäuser fallen alle jene Einrichtungen, in denen durch ärztliche und pflegerische Hilfeleistung Krankheiten, Leiden oder Körperschäden festgestellt, geheilt oder gelindert werden sollen oder Geburtshilfe geleistet wird und in denen die zu versorgenden Personen untergebracht und verpflegt werden können.[33]

Die Krankenhäuser werden dadurch wirtschaftlich gesichert, dass ihre Investitionskosten im Wege öffentlicher Förderung übernommen werden und sie leistungsgerechte Erlöse aus den Pflegesätzen sowie Vergütungen für vor- und nachstationäre Behandlung und für ambulantes Operieren erhalten.[34] Investitionskosten sind die Kosten der Errichtung[35] von Krankenhäusern und der Anschaffung der zum Krankenhaus gehörenden Wirtschaftsgüter, ausgenommen der zum Verbrauch bestimmten Güter (Verbrauchsgüter) und die Kosten der Wiederbeschaffung der Güter des zum Krankenhaus gehörenden Anlagevermögens (Anlagegüter).[36]

---

[32] Krankenhausfinanzierungsgesetz in der Fassung der Bekanntmachung vom 10. April 1991, BGBl. I S. 886, das zuletzt durch Artikel 16a des Gesetzes vom 21. Juli 2014, BGBl. I S. 1133 geändert worden ist, im Folgenden kurz: KHG.
[33] § 2 Nr. 1 KHG.
[34] § 4 Nr. 1 und 2 KHG.
[14] Neubau, Umbau, Erweiterungsbau.
[36] § 2 Nr. 2 lit. a) und b) KHG.

Mit dem KHG hat der Bundesgesetzgeber von seiner Gesetzgebungskompetenz des Art. 74 Abs. 1 Nr. 19a GG[37] im Rahmen der konkurrierenden Gesetzgebung Gebrauch gemacht, die wirtschaftliche Sicherung der Krankenhäuser zu regeln.[38] Eine bundeseinheitliche Regelung der Krankenhausversorgung wird für notwendig erachtet. Sie soll unter anderem der Gefahr eines Wettbewerbs um die Standorte von Krankenhäusern aufgrund unterschiedlicher Finanzierungs- und Vergütungsregelungen begegnen, der auf Kosten der gleichmäßigen Versorgung der Bevölkerung gehen könnte. Unterschiedliche Länderregelungen könnten insoweit eine Gefahr der Rechtszersplitterung begründen oder zu inakzeptablen ungleichen Lebensverhältnissen in der Bundesrepublik Deutschland führen.[39]

2. Duales Finanzierungssystem für Plankrankenhäuser

Es besteht demnach ein duales Finanzierungssystem für Krankenhäuser. Dieses zählt zu den tragenden Grundsätzen der Krankenhausfinanzierung. Es wurde durch das neu gefasste Krankenhausfinanzierungsgesetz im Jahr 1972 eingeführt. Seitdem wurde es zwar modifiziert, aber im Grundsatz beibehalten. Dieses Finanzierungssystem gilt nur für die im Folgenden näher darzustellenden „Plankrankenhäuser", die den Großteil der zugelassenen Krankenhäuser in Deutschland ausmachen.[40] Für die übrigen Krankenhäuser gilt es nicht.

---

[37] Die konkurrierende Gesetzgebung erstreckt sich auf folgende Gebiete: die wirtschaftliche Sicherung der Krankenhäuser und die Regelung der Krankenhauspflegesätze.
[38] BVerwG, Urteil vom 30. August 2012 – 3 C 17/11 –, BVerwGE 144, 109-126, Rn. 19.
[39] BVerfG, Nichtannahmebeschluss vom 20. August 2013 – 1 BvR 2402/12, 1 BvR 2684/12 –, Rn. 21, juris; vgl. dazu auch Art. 72 Abs. 2 GG, wonach der Bund auf dem Gebiet des Artikels 74 Abs. 1 Nr. 19a GG das Gesetzgebungsrecht nur dann hat, wenn und soweit die Herstellung gleichwertiger Lebensverhältnisse im Bundesgebiet oder die Wahrung der Rechts- oder Wirtschaftseinheit im gesamtstaatlichen Interesse eine bundesgesetzliche Regelung erforderlich macht.
[40] BVerfG, Nichtannahmebeschluss vom 20. August 2013 – 1 BvR 2402/12, 1 BvR 2684/12 –, Rn. 4, juris.

Hiernach erfolgt die wirtschaftliche Sicherung der Krankenhäuser in Deutschland, wie dargelegt, gemäß § 4 KHG zum einen durch eine öffentliche Förderung der Investitionskosten (Nr. 1) sowie zum anderen durch leistungsgerechte Erlöse aus den Pflegesätzen zur Deckung der Betriebskosten (Nr. 2). Der Gegenstand der Investitionskostenförderung wird durch § 9 KHG konkretisiert.[41] Voraussetzung zur Erlangung der Förderung ist jedoch in jedem Fall die Aufnahme in den Krankenhausplan.[42]

Diese Krankenhauspläne werden zur Verwirklichung der Ziele des KHG aufgestellt.[43] Die Aufnahme in einen Krankenhausplan ist in der Regel der existenzentscheidende Schritt für jedes Krankenhaus. Die Aufnahme bedeutet den Marktzugang für die Krankenhäuser zu der Versorgung der Bevölkerung mit Krankenhausleistungen. Die Feststellung der Aufnahme in den Krankenhausplan ist Voraussetzung für eine Investitionsförderung der Krankenhäuser. Der Status als Plankrankenhaus ist daneben aber auch wesentlich, um gesetzlich Krankenversicherte im Krankenhaus behandeln zu können.[44] Dabei existiert in Deutschland – wie in anderen Bereichen auch[45] – im System der stationären Versorgung durch Krankenhäuser eine sog. Bedarfsplanung. Grundlage sind die Krankenhaus(bedarfs)pläne. Sie sehen in diesem Versorgungsystem einen regulierten Marktzutritt vor.

Die Aufstellung von Krankenhausplänen und das Planungsverfahren sind nach § 6 Abs. 4 KHG dem Landesrecht zugewiesen.[46] Das

---

[41] Vgl. § 9 Abs. 1 Nr. 1 und 2 KHG.
[42] § 8 Abs. 1 KHG, BVerfG, Nichtannahmebeschluss vom 20. August 2013 – 1 BvR 2402/12, 1 BvR 2684/12 –, Rn. 4, juris.
[43] § 6 Abs. 1 Hs. 1 KHG.
[44] Vgl. § 108 Nr. 2 SGB V; BVerfG, Stattgebender Kammerbeschluss vom 14. Januar 2004 – 1 BvR 506/03 –, Rn. 3, juris; Sächsisches Oberverwaltungsgericht, Urteil vom 14. Mai 2013 – 5 A 820/11 –, Rn. 37, juris.
[45] Z.B. im Rahmen der Infrastrukturplanung bei Verkehrsvorhaben, wie Straßen und Schienen. Im Bereich der Krankenhausversorgung geht die Bedarfsplanung sogar soweit, dass es auch für die in § 2 Nr. 1a KHG genannten Ausbildungsstätten eine Bedarfsplanung gibt, § 8 Abs. 4 KHG. Dabei handelt es sich um die mit den Krankenhäusern notwendigerweise verbundenen Ausbildungsstätten, wenn die Krankenhäuser Träger oder Mitträger der Ausbildungsstätte sind, wie z.B. Ausbildungsstätten für Krankengymnasten oder Physiotherapeuten oder ähnliche Ausbildungsstätten.
[46] Rechtsdogmatisch wird die Aufstellung des Krankenhausbedarfsplans von der Rechtsprechung als eine verwaltungsinterne Maßnahme ohne unmittelbare Rechtswirkungen nach außen qualifiziert. Er gleicht insofern einer ministeriellen Verwaltungsvorschrift, welche die Entscheidungen der nachgeordneten

bedeutet, die Aufstellung von Krankenhausplänen und die Regelung des Planungsverfahrens sind Sache der Bundesländer.

Der Krankenhausplan legt die Ziele fest, die das jeweilige Land mit seiner Bedarfsplanung verfolgt und an denen sich die Auswahl unter mehreren Krankenhäusern zu orientieren hat (Krankenhauszielplanung). Der Plan beschreibt ferner den gegenwärtigen und prognostisch den künftigen tatsächlichen (nicht nur einen geplanten) landesweiten Bedarf an Krankenhausbetten in räumlicher, fachlicher und struktureller Gliederung (Bedarfsanalyse). Er beschreibt außerdem die gegenwärtigen und prognostisch die künftigen tatsächlichen Versorgungsbedingungen in sämtlichen zur Bedarfsdeckung geeigneten und bereiten Krankenhäusern (Krankenhausanalyse). Der Krankenhausplan legt schließlich fest, mit welchen dieser Krankenhäuser der beschriebene Bedarf gedeckt werden soll (Versorgungsentscheidung).[47]

Dieser Bedarfsanalyse und -feststellung müssen valide Werte, Zahlen und Daten zugrunde liegen, die sich an den örtlichen Gegebenheiten und regionalen Bedarfsstrukturen ausrichten.[48] Dementsprechend sind in die Bedarfsanalyse alle wesentlichen Gesichtspunkte tatsächlicher oder rechtlicher Art, die den Bedarf beeinflussen, einzustellen, während Gesichtspunkte, die für den Bedarf unbeachtlich sind, unberücksichtigt zu bleiben haben. Die Analyse hat zunächst den landesweiten Versorgungsbedarf in räumlicher, fachlicher und struktureller Gliederung zu beschreiben. Wie die Gliederung im Einzelnen aussieht, nach welchem Verfahren und welcher wissenschaftlich anerkannten Methodik die Bedarfsanalyse vorgenommen wird, obliegt allerdings nach § 6 Abs. 4 KHG der

---

Behörden nach landesweit einheitlichen Gesichtspunkten steuert, BVerfG, Stattgebender Kammerbeschluss vom 14. Januar 2004 – 1 BvR 506/03 –, Rn. 3, juris; Sächsisches Oberverwaltungsgericht, Urteil vom 14. Mai 2013 – 5 A 820/11 –, Rn. 36, juris; Verwaltungsgerichtshof Baden-Württemberg, Urteil vom 12. Februar 2013 – 9 S 1968/11 –, Rn. 29, juris.

[47] Vgl. z.B. Sächsisches Oberverwaltungsgericht, Urteil vom 14. Mai 2013 – 5 A 820/11 –, Rn. 35, juris; VG Greifswald, Urteil vom 17. April 2014 – 3 A 34/13 –, Rn. 14, juris; Verwaltungsgerichtshof Baden-Württemberg, Urteil vom 12. Februar 2013 – 9 S 1968/11 –, Rn. 29, juris.

[48] BVerwG, Beschluss vom 25. Oktober 2011 – 3 B 17/11 –, Rn. 4, juris; vgl. ferner z.B. VG Greifswald, Urteil vom 17. April 2014 – 3 A 34/13 –, Rn. 14, juris.

Ausgestaltung durch das Landesrecht.[49] Je detaillierter und aktueller der Plan ist, desto dichter ist seine steuernde Wirkung; bei gröberen oder veralteten Plänen ist diese Wirkung geringer, bei fehlender oder fehlerhafter Planung entfällt sie ganz.[50]

Bei der Durchführung des KHG und bei der Aufstellung der Krankenhauspläne arbeiten die Landesbehörden mit den an der Krankenhausversorgung im Lande Beteiligten eng zusammen. Es sind einvernehmliche Regelungen mit den unmittelbar Beteiligten anzustreben (§ 7 Abs. 1 KHG). In den jeweiligen Landesgesetzen finden sich daher konkrete verfahrensrechtliche Sicherungen durch die Einbeziehung der unmittelbar Beteiligten, die über die Aufstellung und Anpassung des Krankenhausplans mitwirken.

3. Feststellung der Aufnahme von Krankenhäusern in den Krankenhausplan

An die landesweiten Krankenhausbedarfspläne schließen sich die von der zuständigen Landesbehörde zu treffenden Entscheidungen an. Diese ergehen in Form von Feststellungsbescheiden über die Aufnahme oder Nichtaufnahme eines bestimmten Krankenhauses in den Plan.[51] Es handelt sich insoweit um die Planvollziehungsstufe.

§ 8 Abs. 1 KHG sieht vor, dass nur Krankenhäuser, die in den Krankenhausplan eines Landes aufgenommen werden, einen Anspruch auf Förderung nach dem KHG haben. Im Gegenzug sind die Plankrankenhäuser verpflichtet, neben den in der gesetzlichen Krankenversicherung versicherten Patienten auch privat versicherte

---

[49] BVerwG, Beschluss vom 25. Oktober 2011 – 3 B 17/11 –, Rn. 4, juris; vgl. ferner z.B. VG Greifswald, Urteil vom 17. April 2014 – 3 A 34/13 –, Rn. 14, juris.
[50] Sächsisches Oberverwaltungsgericht, Urteil vom 14. Mai 2013 – 5 A 820/11 –, Rn. 36, juris.
[51] Wegen der nur innerdienstlichen Bindung an den Krankenhausplan und weil nur der Planvollziehungsbescheid nach außen verbindlich und konstitutiv über die Planaufnahme befindet, ergibt sich die rechtsverbindliche Krankenhausplanung erst aus der Summe aller Planaufnahmebescheide, die jeweils eigenverantwortlich über den Planaufnahmeanspruch des einzelnen Krankenhauses entscheiden, Sächsisches Oberverwaltungsgericht, Urteil vom 14. Mai 2013 – 5 A 820/11 –, Rn. 38, juris.

Patienten sowie Selbstzahler aufzunehmen und zu den nach dem Krankenhausentgeltrecht maßgebenden Entgelten zu behandeln.[52]

Für die Krankenhäuser ist die Aufnahme in die Krankenhauspläne daher regelmäßig existenzentscheidend. Die Krankenhauspläne schränken die beruflichen Betätigungsmöglichkeiten für das nicht aufgenommene Krankenhaus ganz erheblich ein. Zwar berührt die Nichtaufnahme in den Krankenhausplan nicht das Recht, ein Krankenhaus bzw. eine bestimmte Abteilung eins Krankenhauses zu führen. Soweit aber ein Krankenhaus nicht in den Krankenhausplan aufgenommen wird, ist es einem erheblichen Konkurrenznachteil ausgesetzt. In seinen wirtschaftlichen Auswirkungen kommt dieser einer Berufszulassungsbeschränkung nahe.[53] Denn ohne den Anspruch auf Förderung nach dem KHG kann ein Krankenhaus am Markt kaum „überleben".

Der Aufnahme in die Krankenhausbedarfspläne liegt ein ausdifferenziertes Verwaltungsverfahren zugrunde. Dieses Verfahren gliedert sich in zwei Stufen. Auf der ersten Stufe stellen die Länder wie soeben dargelegt den Krankenhausplan auf. In einem weiteren Schritt in der ersten Stufe stellt die Behörde dem Bedarf eine Aufstellung der zur Bedarfsdeckung geeigneten Krankenhäuser gegenüber (Krankenhausanalyse) und legt fest, mit welchen dieser Krankenhäuser der Bedarf gedeckt werden soll (Versorgungsentscheidung).[54] Auf der zweiten Stufe wird dem einzelnen Krankenhaus gegenüber dann schließlich festgestellt, ob es in den Krankenhausplan aufgenommen wird oder nicht (§ 8 KHG). Diese Feststellung ergeht durch - gerichtlich anfechtbaren - Bescheid (§ 8 Abs. 1 Satz 3 KHG). Über die Aufnahme eines Krankenhauses in den Krankenhausplan entscheidet

---

[52] BVerfG, Nichtannahmebeschluss vom 20. August 2013 – 1 BvR 2402/12, 1 BvR 2684/12 –, Rn. 5, juris.
[53] BVerfG, Stattgebender Kammerbeschluss vom 14. Januar 2004 – 1 BvR 506/03 –, Rn. 21, juris.
[54] Die Bedarfsermittlung wird regelmäßig nach der von der Rechtsprechung weitgehend akzeptierten Burton-Hill-Formel durchgeführt, mit der aus den Bedarfsdeterminanten Bevölkerungsentwicklung, Fallzahlen, Verweildauer und Normauslastung eine Bettenmessziffer errechnet wird, VG Berlin, Urteil vom 25. Februar 2015 – 24 K 291.13 –, Rn. 43, juris; die Burton-Hill-Formel kann eine wissenschaftlich anerkannte Methode für die Bedarfsanalyse sein, die Zulässigkeit anderer Verfahren ist dadurch allerdings nicht ausgeschlossen, VG Greifswald, Urteil vom 17. April 2014 – 3 A 34/13 –, Rn. 20, juris.

die Behörde anhand einer Gegenüberstellung des Versorgungsangebots des Krankenhauses mit dem diesbezüglichen konkreten Versorgungsbedarf. Betrifft das Versorgungsangebot einen Bedarf, der von anderen Krankenhäusern nicht befriedigt wird, so ist das Krankenhaus in aller Regel bedarfsgerecht. Das Krankenhaus muss dann, wenn es auch im Übrigen geeignet ist[55], in den Plan aufgenommen werden. Ist das Angebot jedoch größer als der Bedarf, ist das Krankenhaus also nur neben anderen geeignet, den Bedarf zu befriedigen, so hat die Behörde auszuwählen. Sie muss dann entscheiden, welches Krankenhaus den Zielen der Krankenhausplanung am besten gerecht wird. Die Behörde muss also eine Auswahlentscheidung treffen.[56]

Bei der Prüfung, welche vorhandenen Krankenhäuser für eine bedarfsgerechte Versorgung der Bevölkerung mit leistungsfähigen Krankenhäusern zu sozial tragbaren Pflegesätzen in Betracht kommen, sind die maßgebenden Kriterien die Leistungsfähigkeit und Kostengünstigkeit eines Krankenhauses. Bei der Beurteilung dieser Kriterien steht der zuständigen Landesbehörde weder ein Planungs- noch ein Beurteilungsspielraum zu. Das heißt, die behördliche Entscheidung kann vom Gericht in vollem Umfang nachvollzogen werden. Die Gerichte müssen sich gegebenenfalls der Hilfe eines Sachverständigen bedienen. Soweit die Zahl der in diesen Krankenhäusern vorhandenen Betten den Bedarf übersteigt, ergibt sich auf der zweiten Entscheidungsstufe die Notwendigkeit einer Auswahl zwischen den in Betracht kommenden Krankenhäusern. Erst bei der Frage, welches von mehreren in gleicher Weise bedarfsgerecht, leistungsfähig sowie wirtschaftlich betriebenen Krankenhäusern im Rahmen einer Auswahlentscheidung in den Plan aufgenommen wird,

---

[55] Dies betrifft vor allem die Leistungsfähigkeit eines Krankenhauses. Diese besteht dann, wenn die Klinik Anforderungen entspricht, die nach dem Stand der medizinischen Wissenschaft an ein Krankenhaus dieser Art zu stellen sind. Hierfür muss festgestellt werden können, dass die nach aktuellen medizinischen Erkenntnissen erforderliche personelle, räumliche und medizinische Ausstattung vorhanden ist. Diese sächliche und persönliche Ausstattung muss dabei auf Dauer angelegt sein und so die Leistungsfähigkeit nachhaltig erhalten bleiben, VG Berlin, Urteil vom 25. Februar 2015 – 24 K 291.13 –, Rn. 51, juris.
[56] Vgl. VG Greifswald, Urteil vom 17. April 2014 – 3 A 34/13 –, Rn. 15, juris.

besteht ein gewisser Ermessensspielraum aufgrund der Fachkompetenz der jeweiligen Behörde, die von den Gerichten anerkannt wird.[57]

Aufgrund der existenzentscheidenden Bedeutung der Planaufnahme wird diese von Konkurrenten auch regelmäßig gerichtlich angegriffen. Die unterlegenen Bewerber können sich dabei vor allen Dingen auf ihre Berufsausübungsfreiheit (Art. 12 Abs. 1 GG) berufen. Diese gewährt zwar grundsätzlich keinen Schutz vor Konkurrenz. Anerkannt ist in der Rechtsprechung allerdings, dass eine Wettbewerbsveränderung durch Einzelakt, die erhebliche Konkurrenznachteile zur Folge hat, das Grundrecht der Berufsfreiheit beeinträchtigen kann, wenn sie im Zusammenhang mit staatlicher Planung und der Verteilung staatlicher Mittel steht. Insbesondere bei einem regulierten Marktzugang können auch Einzelentscheidungen, die das erzielbare Entgelt beeinflussen, die Freiheit der Berufsausübung beeinträchtigen.

Wird zur Wahrung von Gemeinwohlbelangen der einzelne Leistungserbringer weitgehenden Einschränkungen unterworfen und kommt es in einem dergestalt durchstrukturierten Markt durch hoheitliche Maßnahmen zu weiter gehenden, an den Gemeinwohlbelangen nicht ausgerichteten Eingriffen in die Marktbedingungen, die zu einer Verwerfung der Konkurrenzverhältnisse führen, so besteht die Möglichkeit, dass die im System eingebundenen Leistungserbringer in ihrem Grundrecht aus Art. 12 Abs. 1 GG verletzt sind. Eine Verwerfung der Konkurrenzverhältnisse ist dann zu besorgen, wenn den bereits zum Markt zugelassenen Leistungserbringern ein gesetzlicher Vorrang gegenüber auf den Markt drängenden Konkurrenten eingeräumt ist. Fehlt es hieran, so realisiert

---

[57] Vgl. BVerfG, Stattgebender Kammerbeschluss vom 04. März 2004 – 1 BvR 88/00 –, Rn. 3, juris; vgl. auch § 8 Abs. 2 Satz 2 KHG. Wie weit dieser Ermessensspielraum geht bzw. wie weit der gerichtliche Überprüfungsumfang geht, ist dagegen nicht abschließend geklärt. Dabei muss gelten: Je tiefer der Eingriff in die Rechtsstellung des jeweiligen Krankenhauses reicht, desto umfassender muss auch die gerichtliche Prüfung ausfallen. Ein Rückzug der gerichtlichen Prüfung unter Hinweis auf einen weitgehend freien Ermessensspielraum der Verwaltung würde der Rechtsschutzgarantie und der Berufsfreiheit der Krankenhausträger kaum gerecht werden. Vor allen Dingen bei existenziellen Entscheidungen für die Krankenhäuser, die nicht nur die Aufteilung des Marktes, sondern den Zugang zum Markt der Krankenhausversorgung zum Gegenstand haben, muss eine weitreichendere gerichtliche Überprüfung erfolgen.

sich in dem Marktzutritt lediglich ein dem jeweiligen Markt bereits immanentes Wettbewerbsrisiko.[58]

E. Keine Bedarfsplanung im Bereich der Arzneimittelversorgung durch Apotheken

Wie soeben dargestellt, existiert in Deutschland eine engmaschige Marktregulierung durch Bedarfsplanung. Diese gilt vor allem im Rahmen der stationären sowie der ambulanten ärztlichen Versorgung. Im Bereich der Arzneimittelversorgung durch Apotheken gibt es keine solche Bedarfsplanung.

Das Apothekenwesen ist zu Recht nicht derart räumlich strukturiert, dass es in einem Versorgungsraum nur eine beschränkte Anzahl an *„Planapotheken"* geben darf. Denn eine solche Bedarfsplanung wäre – wie im Folgenden dargelegt wird – mit der verfassungsrechtlichen Berufsausübungsfreiheit der Apotheker bzw. dem unionsrechtlichen Pendant der Niederlassungs- und Dienstleistungsfreiheit nicht vereinbar.

Das Bundesverfassungsgericht hat dies in seinem *„Apothekenurteil"*[59] grundlegend entschieden. In dem Urteil hat es eine Bedarfsprüfung für die Neuzulassung von Apotheken für verfassungswidrig erklärt. Das Apothekenurteil ist eine der grundlegenden Entscheidungen zur Berufsfreiheit des Art. 12 GG. In ihm entwickelte das Bundesverfassungsgericht seine sog. *„Drei-Stufen-Theorie"*.[60] Nach dieser werden

---

[58] Vgl. BVerfG, Nichtannahmebeschluss vom 23. April 2009 – 1 BvR 3405/08 –, Rn. 9, juris. Nach der Rechtsprechung ist ein Krankenhaus auch dann grundsätzlich geeignet, in den Krankenhausplan aufgenommen zu werden, wenn es neben oder an Stelle eines Plankrankenhauses geeignet ist, den Bedarf zu decken. Dies eröffnet dem Neubewerber auch bei gedecktem Gesamtbedarf eine Chance auf Aufnahme in den Krankenhausplan. Es würde auch der Bedeutung des Art. 12 Abs. 1 GG nicht gerecht, wenn unter Hinweis auf die bestehende Bedarfsdeckung jeder Neuzugang verhindert werden könnte, BVerfG, Nichtannahmebeschluss vom 23. April 2009 – 1 BvR 3405/08 –, Rn. 10, juris.
[59] Vgl. BVerfG, Entscheidung vom 11. Juni 1958 – 1 BvR 596/56 –, BVerfGE 7, 377-444.
[60] Nach der Drei-Stufen-Theorie darf ein Eingriff in die Berufsfreiheit nicht weitergehen, als die ihn legitimierenden öffentlichen Interessen es erfordern. Der Eingriff muss zur Erreichung der angestrebten Zwecke geeignet sein und darf nicht übermäßig belasten. Die Drei-Stufen-Theorie unterscheidet zwischen (1.) der Berufswahlregelung in Gestalt objektiver Zulassungsvoraussetzungen, (2.) der Berufswahlregelung in Gestalt subjektiver Zulassungsvoraussetzungen und (3.) der bloßen Berufsausübungsregelung. Der Gesetzgeber ist je freier, desto mehr er eine reine Berufsausübungsregelung trifft.

Eingriffe in die Berufsfreiheit auch heute noch geprüft. Das Urteil hat damit weit über das Apothekenwesen hinweg Berühmtheit erlangt. Es zählt zu den wichtigen Entscheidungen, die jedem Juristen in Deutschland bekannt sein sollten. Im vorliegenden Zusammenhang sollen allerdings (ausnahmsweise) nicht die rechtsdogmatischen Ausführungen des Bundesverfassungsgerichts zur Berufsfreiheit beleuchtet werden, sondern in erster Linie die Begründung der Verfassungswidrigkeit der streitgegenständlichen apothekenrechtlichen Regelungen. Denn dem Apothekenurteil lag ebenfalls eine Bedarfsplanung zugrunde. Diese wurde aber vom Bundesverfassungsgericht für verfassungswidrig erklärt.

I. Zur Geschichte des deutschen Apothekenwesens

Geschichtlich geht das deutsche Apothekenwesen zurück auf die Mitte des 13. Jahrhunderts. Es zeichnet sich über Jahrhunderte hinweg durch eine Monopolstellung von Apotheken aus. Die Arzneimittelabgabe war nur bestimmten Personen gestattet. Dieses Privileg war veräußerlich und vererbbar. Zum Ausgleich dieser Monopolstellung entstand seinerzeit unter anderem auch die Preisbindung bei Arzneimitteln.[61] Die Preisbindung, die heute wieder auf dem Prüfstand steht, hatte also historisch bedingt den Grund, dass Apotheker keine überhöhten Preise verlangen, um ihre Monopolstellung auszunutzen. Sie ist nicht vor dem Hintergrund entstanden, dass durch niedrigere Preise eine Art *„Preisdumping"* hervorgerufen werden könnte, das die Versorgung der Bevölkerung mit Arzneimitteln gefährden könnte.

Schon im späten Mittelalter trat der Apotheker als eigener Beruf hervor. Er unterschied sich insbesondere vom Arzt deutlich. Kaiser Friedrich II. hat im dritten Buch des *„Liber Augustalis"* um die Mitte des 13. Jahrhunderts festgelegt, dass die Heilmittel nicht von den Ärzten, sondern von den Apothekern hergestellt werden sollen. Die Apotheker sollen *„die Arznei auf ihre Kosten unter Aufsicht der Ärzte gemäß der Anordnung der Konstitution*

---

[61] Zur geschichtlichen Entwicklung der Apotheken vgl. auch Nagel, Das Gesundheitswesen in Deutschland: Struktur, Leistungen, Weiterentwicklung, 2007, S. 328 f.

herstellen und nicht zur Führung von Apotheken zugelassen werden, wenn sie nicht vorher beeidet haben, dass sie alle ihre Arzneien gemäß vorgenannter Anordnung ohne Trug herstellen werden".[62]

Im Vordergrund stand damals die Arzneimittelproduktion. Die Arzneimittelabgabe war mehr eine selbstverständliche Folge- oder Nebentätigkeit des Apothekers. Der Apotheker entnahm die Arzneimittel nicht eigentlich als Kaufmann einem vorhandenen Warenvorrat. Er stellte sie vielmehr in handwerklicher Weise jeweils auf Anforderung her und gab sie ab.[63]

Die Apotheker genossen auf Grund ihrer staatlichen oder städtischen Privilegien eine Art Monopolstellung. Daher wurden auch schon früh die Preise für Arzneimittel behördlich festgesetzt. Bereits die erwähnte Gesetzgebung Friedrichs II. enthielt solche Preisbestimmungen bei Arzneimitteln.[64]

Die rechtliche Grundlage der Berufsausübung des Apothekers war das Apothekerprivileg. Dies wurde von der Obrigkeit erteilt. Es schützte Apotheker gegen Konkurrenz. Andererseits war es aber auch mit Auferlegung erhöhter Berufspflichten und scharfer behördlicher Aufsicht verbunden.[65] Das örtliche Bedürfnis nach Apotheken spielte ebenfalls eine Rolle. Es konnte bei der Vergebung von Privilegien naturgemäß berücksichtigt werden. Zu Beginn des 19. Jahrhunderts setzte sich in Deutschland dann zwar das Prinzip der Gewerbefreiheit durch. Der Apothekerberuf blieb jedoch unberührt. Es blieb bei der Konzessionspflicht für Apotheker und ihre Betriebsstätten. Begründet wurde diese mit der „*Gefährlichkeit*" des Berufs und seiner Bedeutung für die Volksgesundheit.[66]

---

[62] BVerfG, Entscheidung vom 11. Juni 1958 – 1 BvR 596/56 –, BVerfGE 7, 377-444, Rn. 32 f. unter Berufung auf Wolfgang-Hagen Hein „Die Medizinalgesetze Friedrichs II. in einer illuminierten Handschrift der Vatikanischen Bibliothek", in PharmZtg. 1957, 1016 ff.
[63] BVerfG, Entscheidung vom 11. Juni 1958 – 1 BvR 596/56 –, BVerfGE 7, 377-444, Rn. 35.
[64] BVerfG, Entscheidung vom 11. Juni 1958 – 1 BvR 596/56 –, BVerfGE 7, 377-444, Rn. 35.
[65] Vgl. dazu auch Deutsch/Spickhoff, Medizinrecht: Arztrecht, Arzneimittelrecht, Medizinprodukterecht und Transfusionsrecht, 2014, Rdnr. 2009.
[66] BVerfG, Entscheidung vom 11. Juni 1958 – 1 BvR 596/56 –, BVerfGE 7, 377-444, Rn. 36 ff.

Die freie Veräußerung und Vererbung von Apothekenrechten wurde jedoch aufgegeben. Die Konzessionspflicht wandelte sich hin zu einem System der Personalkonzession.[67] Die Eröffnung von Apotheken wurde nur noch qualifizierten Personen gestattet. Damit öffnete sich das System der staatlichen Reglementierung der Berufszulassung in gewissem Sinn in Richtung auf die Berufsfreiheit hin. Es löste die Apotheken aus der Bindung an den engen Kreis der Privilegien- und Realrechtsinhaber. Jedem approbierten Apotheker war die grundsätzliche und gleiche Möglichkeit eröffnet, selbständiger Apothekeninhaber zu werden.[68]

Auch heute noch ist allein den Apotheken als Betriebsstätten gesetzlich die Aufgabe zugewiesen, die ordnungsgemäße Versorgung der Bevölkerung mit Arzneimitteln sicherzustellen (§ 1 Abs. 1 ApoG). In geringem Umfang dienen die Apotheken zwar noch immer der Herstellung von Arzneimitteln. Vornehmlich liegt ihre Aufgabe aber in der Abgabe der von der pharmazeutischen Industrie hergestellten Arzneimittel an die Verbraucher. Die Wahrnehmung dieser Aufgabe durch die Apotheken ist durch ein gesetzliches Monopol gesichert: Verschreibungspflichtige Arzneimittel dürfen im Einzelhandel nur in Apotheken in Verkehr gebracht werden (vgl. § 43 AMG).[69]

II. Zum Apothekenurteil des BVerfG

Vor diesem geschichtlichen Hintergrund entstand unter anderem in Bayern[70] nach Ende des Zweiten Weltkrieges ein System der Bedarfsplanung von Apotheken. Dies war maßgeblich beeinflusst durch die *„Gewerbe-*

---

[67] Vgl. dazu auch Deutsch/Spickhoff, Medizinrecht: Arztrecht, Arzneimittelrecht, Medizinprodukterecht und Transfusionsrecht, 2014, Rdnr. 2009.
[68] BVerfG, Entscheidung vom 11. Juni 1958 – 1 BvR 596/56 –, BVerfGE 7, 377-444, Rn. 36 ff.
[69] BVerfG, Beschluss vom 22. Mai 1996 – 1 BvR 744/88, 1 BvR 60/89, 1 BvR 1519/91 –, BVerfGE 94, 372-400, Rn. 2 f.; vgl. dazu auch Ring: Berufsbild und Werbemöglichkeiten der Apotheker nach der zweiten Apothekenentscheidung des Bundesverfassungsgerichts, NJW 1997, 768, 768 f.
[70] Das Recht der Errichtung von Apotheken, das Apothekenbetriebsrecht, war bis 1945 landesrechtlich geregelt. Gemeinsam war ihnen, dass die Neuerrichtung von Apotheken von einer Bedürfnisprüfung abhängig war; Marcks, in: Landmann/Rohmer, Gewerbeordnung, 68. Ergänzungslieferung August 2014, § 6 GewO, Rdnr. 6.

freiheitsdirektiven"[71] der amerikanischen Militärregierung. Diese hatten zur völligen Berufsfreiheit geführt. Diese unbeschränkte Niederlassungsfreiheit für Apotheken veranlasste den bayerischen Landesgesetzgeber, die Neuerrichtung von Apotheken der Erlaubnis zu unterwerfen. Diese musste nur dann erteilt werden, wenn die Notwendigkeit nach Zahl und Dichte der Bevölkerung nachgewiesen wurde.[72] Zweck der Regelung war es, einer schrankenlosen Vermehrung der Zahl der Apotheken, vorzubeugen. Nach Auffassung des Landesgesetzgebers würde eine solche Vermehrung in ihrer Auswirkung eine Verschlechterung der Arzneimittelversorgung bedeuten. Das Mittel dazu war eine aus gesundheitspolitischen Gründen notwendig erachtete Grenze für die Errichtung neuer Apotheken.[73] Die Freigabe der Gründung neuer Apotheken würde nach Auffassung des Landesgesetzgebers zu einer starken Vermehrung der Apotheken führen. Auch würde eine ungleichmäßige Verteilung der Apotheken eintreten. Die neuen Betriebe würden sich in den größeren Städten und hier im Stadtkern zusammendrängen. Die starke Vermehrung der Apotheken an einzelnen Orten würde einen Konkurrenzkampf zur Folge haben. Dieser würde die wirtschaftliche Leistungsfähigkeit vieler Apotheken empfindlich schmälern. Die Apotheken würden ihre gesetzlichen Verpflichtungen insbesondere auch hinsichtlich Einhaltung bestimmter Preise kaum noch erfüllen können. Die Vermehrung der Verkaufsstellen würde außerdem ein Überangebot an Arzneimitteln hervorrufen und damit die *„Tablettensucht"* fördern. Dies alles beeinträchtige die ordnungsmäßige Arzneimittelversorgung[74] – und dies alles wird auch heute wieder zur Regulierung als Begründung angeführt.[75]

Dem Apothekensystem lag damit eine Regulierung des Marktzugangs im Sinne einer örtlichen Bedarfsplanung für Apotheken zugrunde: Nur an Stellen, an denen das Einzugsgebiet groß genug war und die

---

[71] Dazu ausführlich Scheybani, Handwerk und Kleinhandel in der Bundesrepublik Deutschland: Sozialökonomischer Wandel und Mittelstandspolitik 1949–1961, 1996, S. 258 ff.
[72] BVerfG, Entscheidung vom 11. Juni 1958 – 1 BvR 596/56 –, BVerfGE 7, 377-444, Rn. 41 f.
[73] Sinn und Zweck war nach Auffassung des Landesgesetzgebers – vereinfacht gesagt –, den Apothekerstand „gesund zu erhalten" und damit zugleich der Volksgesundheit zu dienen.
[74] BVerfG, Entscheidung vom 11. Juni 1958 – 1 BvR 596/56 –, BVerfGE 7, 377-444, Rn. 94 f.
[75] Vgl. zu dem Fall der Preisbindung bei verschreibungspflichtigen Arzneimitteln im Fall von Versandhandelsapotheken: Gesetzentwurf der Bundesregierung vom 17.02.12, Entwurf eines Zweiten Gesetzes zur Änderung arzneimittelrechtlicher und anderer Vorschriften, BT-DRs. 91/12, S.108.

Apothekenversorgung nach Auffassung des Gesetzgebers bzw. der vollziehenden Behörden noch nicht ausreichend war, wären neue Apotheken zulässig gewesen. Dieser Ansatz entspricht letztlich dem Ansatz der Bedarfsplanung im Bereich der stationären Versorgung mit Krankenhausleistungen. Auch dort soll der örtliche Bedarf versorgt werden und bei einer Vollversorgung sollen keine weiteren Krankenhäuser in den Bedarfsplan aufgenommen werden bzw. sollen diese nur dann aufgenommen werden können, wenn sie ein anderes Plankrankenhaus verdrängen können (siehe dazu im vorangehenden Teil).

Gegen diese Bedarfsplanung wandte sich ein approbierter Apotheker. Dieser hatte die Betriebserlaubnis zur Eröffnung einer Apotheke in einer Gemeinde in Bayern beantragt. Der Antrag wurde abgelehnt. Begründet wurde dies mit dem seinerzeit geltenden bayerischen Gesetz über das Apothekenwesen.[76] Die konkrete Begründung war, dass die Errichtung der beantragten Apotheke nicht im öffentlichen Interesse liege. Von der Standortgemeinde aus seien etwa 6000 Menschen mit Arzneimitteln zu versorgen. Dafür genüge die eine vorhandene Apotheke völlig. Aus Erwägungen der öffentlichen Gesundheitspflege seien weitere Apotheken nur dort zuzulassen, wo ein größeres Einzugsgebiet zu versorgen sei. Wirtschaftlich schlecht stehende Apotheken seien erfahrungsgemäß leichter geneigt, Arzneimittel ohne ärztliche Verschreibung abzugeben. Sie seien auch geneigt, bei der Abgabe von Opiaten eine gesetzlich unzulässige Großzügigkeit walten zu lassen. Außerdem würde die wirtschaftliche Grundlage der neuen Apotheke nicht gesichert sein. Die Zahl von 7-8000 Einwohnern je Apotheke müsse grundsätzlich als Mindestgrenze zur Sicherung ihrer Leistungsfähigkeit angesehen werden. Der Antragsteller müsste im eigenen Interesse davor bewahrt werden, eine nicht lebensfähige Apotheke zu errichten. Schließlich würde die wirtschaftliche Grundlage der bereits bestehenden Apotheke durch

---

[76] Aus diesem Gesetz ergaben sich für die Neuerrichtung einer Apotheke folgende Voraussetzungen: *„Für eine neu zu errichtende Apotheke darf die Betriebserlaubnis nur erteilt werden, wenn die Errichtung der Apotheke zur Sicherung der Versorgung der Bevölkerung mit Arzneimitteln im öffentlichen Interesse liegt und anzunehmen ist, dass ihre wirtschaftliche Grundlage gesichert ist und durch sie die wirtschaftliche Grundlage der benachbarten Apotheken nicht soweit beeinträchtigt wird, dass die Voraussetzungen für den ordnungsgemäßen Apothekenbetrieb nicht mehr gewährleistet sind. Mit der Erlaubnis kann die Auflage verbunden werden, die Apotheke im Interesse einer gleichmäßigen Arzneiversorgung in einer bestimmten Lage zu errichten."*

die Neuzulassung so weit beeinträchtigt werden, dass die Voraussetzungen für einen ordnungsmäßigen Apothekenbetrieb nicht mehr gewährleistet seien. Das ergebe sich aus Umsatzzahlen der bestehenden Apotheke, die sich erfahrungsgemäß bei Zulassung einer weiteren Apotheke um 40 % vermindern würden.[77]

Das Bundesverfassungsgericht sah es mithin als die entscheidende Frage ab, ob bei Wegfall der Niederlassungsbeschränkungen des bayerischen Apothekengesetzes mit hinreichender Wahrscheinlichkeit die Entwicklung dergestalt verlaufen werde, dass die geordnete Arzneiversorgung so gestört würde, dass eine Gefährdung der Volksgesundheit zu befürchten wäre.[78]

Dies verneinte das Bundesverfassungsgericht: Maßgeblich war für den Ersten Senat vor allem, dass bei einer Niederlassungsfreiheit keine *„uferlose"*, *„hemmungslose"* bzw. *„schrankenlose"* Vermehrung der Zahl der Apothekenbetriebe drohte. Die von Seiten des Landesgesetzgebers und der beteiligten Interessenvertreter immer wieder propagierten Gefahren wurden damit verneint.[79]

Dazu stellte das Gericht zunächst fest, dass in jeder Neuerrichtung grundsätzlich eine Verbesserung der Arzneimittelversorgung der Bevölkerung zu sehen ist.[80] Nichts spreche dafür, dass bei Wegfall der Lenkungsbefugnisse der Verwaltungsbehörden eine *„uferlose"* Vermehrung der Apotheken eintreten würde. Vielmehr würden dann vor allem wirtschaftliche Erwägungen bei den Entschlüssen der Berufsangehörigen die entscheidende Rolle spielen[81] – und nicht eine gesicherte *„Monopolstellung"*.

Das Bundesverfassungsgericht sah es darüber hinaus als durchaus gegeben an, dass bei freier Niederlassung mehr Apotheken in den größeren Städten als auf dem Land und in Kleinstädten entstehen werden. Dies hielt es aber nicht für bedenklich. Die *„Landflucht"* sei eine natürliche und keine bedenkliche Erscheinung. Es sei nicht ersichtlich, dass diese ein unerträgliches Maß

---

[77] BVerfG, Entscheidung vom 11. Juni 1958 – 1 BvR 596/56 –, BVerfGE 7, 377-444, Rn. 1 ff..
[78] BVerfG, Entscheidung vom 11. Juni 1958 – 1 BvR 596/56 –, BVerfGE 7, 377-444, Rn. 97.
[79] BVerfG, Entscheidung vom 11. Juni 1958 – 1 BvR 596/56 –, BVerfGE 7, 377-444, Rn. 103.
[80] BVerfG, Entscheidung vom 11. Juni 1958 – 1 BvR 596/56 –, BVerfGE 7, 377-444, Rn. 104.
[81] BVerfG, Entscheidung vom 11. Juni 1958 – 1 BvR 596/56 –, BVerfGE 7, 377-444, Rn. 106.

annehmen würde und dadurch die Volksgesundheit im Ganzen gefährden könne.[82] Wenn – so im Ergebnis – die Gefahr einer *„hemmungslosen"* Vermehrung der Apotheken für eine absehbare Zukunft nicht bestehe, dann verliere die an einen solchen Zustand anknüpfenden Befürchtungen ihre Bedeutung.[83]

Nach der Überzeugung des Gerichts wurden die nur vermuteten Gefahren auch weit überschätzt: So könnten etwa allgemeine betriebswirtschaftliche Rentabilitätsberechnungen naturgemäß nur zu durchschnittlichen Aussagen kommen. Der Status der einzelnen Apotheke hänge stets von einer Reihe besonderer Umstände ab. Diese würden sich zum Teil zahlenmäßiger Bewertung überhaupt entziehen. Diese gelte insbesondere für die persönlichen Eigenschaften, die familiären und besonderen wirtschaftlichen Verhältnisse des Apothekers, den Anteil des Krankenkassenumsatzes und die Möglichkeit der Ausdehnung des Betriebs auf betriebsübliche Waren.[84] Das Bundesverfassungsgericht war außerdem nicht davon überzeugt, dass eine Niederlassungsfreiheit die Berufsmoral der Apotheker gefährden würde. Es hielt die Versuchung, mehr Medikamente dem Kunden *„aufzuzwingen"*, also für nicht gegeben. Denn im Apothekerberuf seien gegenüber der Versuchung zur Vernachlässigung der Berufspflichten bedeutsame Gegenkräfte wirksam. Dies gelte vor allem für die traditionell hohe, durch die sorgfältige Ausbildung gepflegte und dem Nachwuchs vermittelte Berufsmoral des Standes.[85]

Schließlich bestünde auch keine Gefahr, dass eine Vermehrung der Apotheken zu einem Überangebot an Arzneimitteln führen würde, das die Volksgesundheit schädigen könnte. Denn der Verbrauch von Arzneimitteln hätte mit der Zunahme von Apotheken nichts zu tun. Jedenfalls sei dieser Nachweis nicht erbracht worden. Der Verbrauch an Arzneimitteln habe vielmehr nach dem Zweiten Weltkrieg überall zugenommen. Dies sei insbesondere auf die Hebung des Lebensstandards und auf gewisse Wandlungen der ärztlichen Therapie im Zusammenhang mit dem überaus

---

[82] BVerfG, Entscheidung vom 11. Juni 1958 – 1 BvR 596/56 –, BVerfGE 7, 377-444, Rn. 112.
[83] BVerfG, Entscheidung vom 11. Juni 1958 – 1 BvR 596/56 –, BVerfGE 7, 377-444, Rn. 116.
[84] BVerfG, Entscheidung vom 11. Juni 1958 – 1 BvR 596/56 –, BVerfGE 7, 377-444, Rn. 118.
[85] BVerfG, Entscheidung vom 11. Juni 1958 – 1 BvR 596/56 –, BVerfGE 7, 377-444, Rn. 131 f.

großen Angebot von Heilmitteln durch die pharmazeutische Industrie zurückzuführen. Ein Zusammenhang mit dem Verkauf von Arzneimitteln in Apotheken sei nicht nachgewiesen.[86]

Abschließend zu dem Prüfungsmaßstab des Bundesverfassungsgericht bzw. zu dessen Prognosekontrolle: Das Gericht setzte einen *„Wahrscheinlichkeitsmaßstab"* an. Die vom Gesetzgeber bei der Niederlassungsfreiheit der Apotheker befürchteten Gefahren hätten *„nicht so wahrscheinlich gemacht werden können, dass darauf – unter Beibehaltung des geltenden Apotheken- und Arzneimittelrechts im übrigen – die schärfste Einschränkung der freien Berufswahl, nämlich die Absperrung voll qualifizierter Bewerber von der selbständigen Ausübung des Apothekerberufs, gestützt werden könnte".*[87]

Diese gelte vor allem dann, wenn – im Sinne eines milderen Mittels –, die Gefahren, die mit der unrechtmäßigen oder unvorschriftsmäßigen Arzneimittelabgabe, mit dem Verkauf unzulänglicher oder schädlicher Arzneimittel und mit dem Arzneimittelmissbrauch zusammenhängen könnten, nicht aus dem Apothekenwesen stammen würden, sondern andere eher naheliegende Quellen hätten.[88] Angesprochen hat das Bundesverfassungsgericht hier insbesondere die arzneimittelproduzierende Industrie: Diese seien nach wirtschaftlichen Gesichtspunkten arbeitende Unternehmen, die die hohen finanziellen Anforderungen für Herstellung, Vertrieb und den besonderen Aufwand für die Forschung nur durch Sicherstellung der wirtschaftlichen Rentabilität erfüllen könnten.[89] Gesetzliche Schutzmaßnahmen, die an der Arzneimittelherstellung anknüpfen würden, seien ein milderes Mittel.[90]

Aus dieser Prüfung von milderen Mitteln entstanden schließlich auch einige der heute geltenden Beschränkungen für Apotheken[91] – auch wenn das

---

[86] BVerfG, Entscheidung vom 11. Juni 1958 – 1 BvR 596/56 –, BVerfGE 7, 377-444, Rn. 138.
[87] BVerfG, Entscheidung vom 11. Juni 1958 – 1 BvR 596/56 –, BVerfGE 7, 377-444, Rn. 139.
[88] BVerfG, Entscheidung vom 11. Juni 1958 – 1 BvR 596/56 –, BVerfGE 7, 377-444, Rn. 140.
[89] BVerfG, Entscheidung vom 11. Juni 1958 – 1 BvR 596/56 –, BVerfGE 7, 377-444, Rn. 142.
[90] Vgl. BVerfG, Entscheidung vom 11. Juni 1958 – 1 BvR 596/56 –, BVerfGE 7, 377-444, Rn. 146.
[91] Die ursprüngliche Fassung des Apothekengesetzes stammt aus dem Jahre 1960. Das Gesetz wurde also kurze Zeit nach dem Apothekenurteil erlassen. Auch ihm lag schon zugrunde, dass den Apotheken gemäß § 1 Abs. 1 ApG „die im öffentlichen Interesse gebotene Sicherstellung einer ordnungsgemäßen

Bundesverfassungsgericht seine Ausführungen ausdrücklich nicht als (belehrende) *„allgemeine legislative Empfehlungen"* ansehen wollte[92]; tatsächlich waren sie es jedoch: Denn das Bundesverfassungsgericht stellte außerdem fest, dass der Gesetzgeber als milderes Mittel etwa den Erwerb und Besitz mehrerer Apotheken durch denselben Apotheker verhindern könnte, sofern der Gesundheitsschutz der Bevölkerung es erfordere, dass der Apotheker selbst seine Apotheke leite. Außerdem könnte der Verkauf von Arzneimittel im Wesentlichen ganz den Apotheken vorbehalten werden.[93] Das Apothekenurteil führte daher zu dem (Bundes-)*Gesetz über das Apothekenwesen*. Von der vom Bundesverfassungsgericht geforderten Niederlassungsfreiheit ausgehend legte dieses zwangsläufig für das Betreiben einer Apotheke (nur) subjektive Zulassungsvoraussetzungen fest.[94]

Das Apothekenurteil ist damit bis heute auch ein klassisches Beispiel dafür, dass dem Gesetzgeber durch das Bundesverfassungsgericht eine – bewusste oder unbewusste – unzureichende Sachverhaltsanalyse vorgeworfen wird, was das Bundesverfassungsgericht in seinem Apothekenurteil bewegte, *umfangreiche eigene Erhebungen über die Verhältnisse im Apotheken- und Arzneimittelwesen sowie über die Ergebnisse der behördlichen Niederlassungslenkung durch Sachverständige einzuholen.*[95]

F. Bonus- oder Rabattmodelle von Apotheken
Zur Aktualität des Apothekenurteils für die Regulierung des Apothekenmarktes in Deutschland auch nach 60 Jahren

---

Arzneimittelversorgung der Bevölkerung" obliegt, vgl. dazu BVerfG, Beschluss vom 14. April 1987 – 1 BvL 25/84 –, BVerfGE 75, 166-183, Rn. 38; vgl. dazu auch Marcks, in: Landmann/Rohmer, Gewerbeordnung, 68. Ergänzungslieferung August 2014, § 6 GewO, Rdnr. 7; Weingarten, Staatliche Wirtschaftsaufsicht in Deutschland, Die Entwicklung der Apothekenaufsicht Preußens und Nordrhein-Westfalens von ihrer Gründung bis zur Gegenwart, 1989, S, 141 ff.
[92] BVerfG, Entscheidung vom 11. Juni 1958 – 1 BvR 596/56 –, BVerfGE 7, 377-444, Rn. 162.
[93] BVerfG, Entscheidung vom 11. Juni 1958 – 1 BvR 596/56 –, BVerfGE 7, 377-444, Rn. 156.
[94] Marcks, in: Landmann/Rohmer, Gewerbeordnung, 68. Ergänzungslieferung August 2014, § 6 GewO, Rdnr. 7.
[95] Kluth: Beweiserhebung und Beweiswürdigung durch das Bundesverfassungsgericht, NJW 1999, 3513, 3516.

Zusammenfassend lassen sich dem Apothekenurteil folgende, auch heute noch Geltung beanspruchende Grundsätze entnehmen:

Die Regulierung des Apothekenwesens stellt einen Eingriff in die Berufsfreiheit dar – zunächst einmal unabhängig davon, ob durch bestimmte Regelungen die Berufsausübung oder sogar die Berufswahl betroffen sind. Jeder Eingriff in die Berufsausübung des Apothekers bedarf der Rechtfertigung. Je schwerwiegender der Eingriff ist (im Sinne der Drei-Stufen-Theorie abgestuft nach subjektiver und objektiver Berufswahl und reiner Berufsausübung), desto höher sind die Anforderungen an die Rechtfertigungsgründe. In jedem Fall müssen die Rechtfertigungsgründe aber, selbst wenn die Hürden – wie im Rahmen bloßer Ausübungsschranken – nicht so hoch sein mögen[96], vorliegen. Wenn die Rechtfertigungsgründe nur vorgeschoben sein sollten, um tatsächlich andere Ziele zu erreichen, dann wäre der Eingriff in die Berufsfreiheit nicht gerechtfertigt. Wenn faktisch also die Sicherung des Apothekenwesens in seiner monopolartigen Stellung Hintergrund einer gesetzlichen Regelung wäre, dann wäre ein solcher Eingriff in die Berufsausübung nicht gerechtfertigt.

Damit lässt sich der Bogen spannen zu der Rechtsprechung des EuGH. Er verlangt, dass die jeweilige Regulierung des Apothekenwesens nur dann gerechtfertigt sein kann, wenn sie zum *„integralen Bestandteils"* des nationalen Gesundheitswesens zählt. Der EuGH hat damit in seiner ersten DocMorris-Entscheidung ebenfalls eine hohe Hürde aufgestellt: Er verlangt, dass ein berufs- bzw. dienstleistungs- bzw. warenverkehrsregulierende Maßnahme nur dann gerechtfertigt ist, wenn sie für das System der Gesundheitsvorsorge wesentlich ist. Bei der Preisbindung muss es sich daher um eine ganz wesentliche, tragende Säule des nationalen Gesundheitswesens handeln. Mit ihr muss die Regulierung des deutschen Gesundheitswesens stehen und fallen. Nur dann wäre sie ein integraler Bestandteil des deutschen Gesundheitswesens.

---

[96] Hinzuweisen ist an dieser Stelle vor allen Dingen darauf, dass das Bundeverfassungsgericht nach seinem ersten Apothekenurteil sich in mehreren weiteren Fällen mit dem Apothekensystem befasste und Eingriffe in die Berufsausübung des Apothekers für verfassungsmäßig hielt. So hat es z.B. Verfassungsmäßigkeit des Mehrbetriebsverbots in einem weiteren Apothekenurteil bestätigt, BVerfG, Entscheidung vom 13. Februar 1964 – 1 BvL 17/61, 1 BvR 494/60, 1 BvR 128/61 –, BVerfGE 17, 232.

Das Bundesverfassungsgericht hat vor knapp 60 Jahren festgestellt, dass das Apothekenwesen nicht zwingend des ihm vom Gesetzgeber zugedachten höchsten Schutzes bedarf. Die Versorgung der Bevölkerung mit Gesundheitsdienstleistungen zwinge nicht dazu, eine engmaschige Bedarfsplanung für Apotheken zu installieren. Die Sorgen und Ängste, die von Seiten der Verbände in dem Verfahren, das dem Apothekenurteil zugrundlag, vorgetragen worden sind, haben sich letztlich nicht bestätigt. Denn es sind andere Faktoren, die die Versorgung der Bevölkerung mit Gesundheitsdienstleistungen vorrangig beeinflussen. Die Bedeutung des Apothekenwesens für das nationale Gesundheitssystem wurde damit zwar nicht nivelliert, aber jedenfalls deutlich reduziert: Mit den etwaigen (angeblichen) Auswirkungen auf das Gesundheitssystem kann nicht jeder Eingriff in die Berufsausübung bzw. Dienstleistungs- oder Warenverkehrsfreiheit gerechtfertigt werden.

Die grundlegenden Ausführungen des Bundesverfassungsgerichts im Apothekenurteil sind nicht nur heute noch gültig. Vielmehr noch, sie erlangen im Fall der Preisbindung wieder eine besondere Aktualität: Die Preisbindung ist – wie dargelegt – historisch dadurch entstanden, dass Apotheker keine überhöhten Preise verlangen sollten, was aufgrund ihrer Monopolstellung drohte. Diese historisch als Schutz der Bevölkerung vor der Ausnutzung der Monopolstellung durch die Apotheker entstandene Preisbindung dient heute genau dem Gegenteil: Sie dient faktisch der Sicherung des Apothekenmonopols. Eine jahrhundertealte Regelung wird damit in ihr Gegenteil verkehrt.

Die Preisbindung allein mag noch nicht bedenklich sein. In der Zusammenschau mit ihren tatsächlichen Auswirkungen ist sie dies aber: Denn die Preisbindung betrifft vor allem die Versandapotheken. Die Versandhandelsapotheken sind im Gegensatz zu den stationären Apotheken zahlreichen Wettbewerbsnachteilen ausgesetzt. Zu nennen sind hier beispielsweise die Entfernung bzw. die fehlende Fußläufigkeit des Versandhandels, die Zeitkomponente (kein Medikamentenkauf direkt nach Arztbesuch möglich), der Mehraufwand für die Kunden (Einsendung Rezept per Post) oder die Mehrkosten durch Großhandelsstrukturen, Vertriebswege etc. Insbesondere bestehen aber auch über Jahrhunderte hinweg in Deutschland entstandene Sitten und Gebräuche beim Arzneimittelkauf. Denn der Arzneimittelkauf erfolgt regelmäßig unmittelbar nach dem Arztbesuch, so dass sich stationäre Apotheken verständlicherweise immer in örtlicher Nähe von Ärzten befinden. Das Verbraucherverhalten bei Apothekenbesuchen in Deutschland ist daher von einer ganz besonderen Vertrautheit der Verbraucher in das stationäre Apothekensystem geprägt.

Der Versandhandel hat demgegenüber keine nennenswerten Möglichkeiten, auf sich aufmerksam zu machen. Er ist vor allen Dingen wie andere Apotheken auch den erheblichen Werbebeschränkungen unterworfen. Er könnte allein durch eine (etwas) günstigere Abgabe von verschreibungspflichtigen Medikamenten auf sich aufmerksam machen, z.B. in Form von Rabatt- oder Bonusmodellen.

Vor diesem Hintergrund wurde allerdings durch das Zweite Gesetz zur Änderung arzneimittelrechtlicher und anderer Vorschriften[97] § 78 Abs. 1 AMG um einen weiteren Satz ergänzt, wonach die Arzneimittelpreisverordnung auch für Arzneimittel gilt, die in den Geltungsbereich des AMG verbracht werden. Die Regelung führt dazu, dass möglicherweise ein Bonusmodell einer EU-Versandhandelsapotheke gegen die arzneimittelrechtliche Preisbindung verstoßen könnte. Das OLG Düsseldorf hat daher in einer EuGH-Vorlage dem Gerichtshof unter anderem die Frage vorgelegt, ob die § 78 Abs. 1 AMG a.F., § 78 Abs. 1 AMG n.F. europarechtskonform sind.[98]

Der Bundesgesetzgeber hat seine – aus seiner Sicht angeblich nur klarstellende – Neuregelung damit begründet, dass die Regelung *„aus gesundheitspolitischen Gründen"* erforderlich sei. Die Geltung der Arzneimittelpreisverordnung gewährleiste einen einheitlichen Apothekenabgabepreis für alle verschreibungspflichtigen Arzneimittel, die in Deutschland an Verbraucher abgegeben werden. Damit sei insbesondere gewährleistet, dass die im öffentlichen Interesse gebotene *„flächendeckende und*

---

[97] Gesetz vom 19.10.2012 – Bundesgesetzblatt Teil I 2012 Nr. 50 25.10.2012 S. 2192.
[98] OLG Düsseldorf, Vorlagebeschluss vom 24. März 2015 – I-20 U 149/13, 20 U 149/13 –, Rn. 23 f., juris.

gleichmäßige Versorgung der Bevölkerung mit Arzneimitteln" sichergestellt ist. Ferner würden feste Preise die Patienten schützen. Nur die gesetzliche Geltung der Arzneimittelpreisverordnung verhindere, dass ausländische Versandapotheken *"unbegrenzt auf verschreibungspflichtige Arzneimittel Preisnachlasse"* geben dürften. Ein Rabattverbot bei verschreibungspflichtigen Arzneimitteln sei daher *"aus Gründen des Gesundheitsschutzes"* auch dann geboten, wenn der Patient bei einer Versandapotheke einkaufe. Durch das Anpreisen günstigerer Preise bestünde die Gefahr *"eines Fehl- oder Mehrgebrauchs"*. Dabei bestünde die Gefahr, *"dass Ärzte vermehrt unter Druck geraten und Wunschverschreibungen ausstellen"*. Ein weiteres Ziel der Arzneimittelpreisverordnung sei schließlich, *"den Patienten vor Überforderung zu schützen"*. Der Patient müsse sich für den Bereich der verschreibungspflichtigen Arzneimittel darauf verlassen können, dass er das jeweilige Arzneimittel in jeder Apotheke zum gleichen Preis erhalten könne.[99]

Das alles sollte einem bekannt vorkommen: Denn genau diese flächendeckende und gleichmäßige Versorgung der Bevölkerung mit Arzneimitteln war auch die Begründung seinerzeit für die Bedarfsplanung von Apotheken. Zur Erinnerung hier noch einmal der Wortlaut der damaligen Begründung aus dem Tatbestand des Apothekenurteils, die das Bundesverfassungsgericht letztlich verworfen hat:

> *"Die Freigabe der Gründung neuer Apotheken wird zu einer starken Vermehrung der Apotheken im ganzen führen; auch wird eine ungleichmäßige Verteilung der Apotheken eintreten, da die neuen Betriebe in den größeren Städten und hier wieder im Stadtkern sich zusammendrängen; die starke Vermehrung der Apotheken an einzelnen Orten wird einen scharfen Konkurrenzkampf zur Folge haben, der die wirtschaftliche Leistungsfähigkeit vieler Apotheken empfindlich schmälern wird; diese Apotheken werden ihre gesetzlichen Verpflichtungen hinsichtlich Vorratshaltung, Rezeptpflicht, Güteprüfung, Einhaltung bestimmter Preise, Beschäftigung qualifizierten Personals, ständiger Dienstbereitschaft usw. kaum noch erfüllen können, jedenfalls besteht die Gefahr, dass sie in dem Bestreben, den Umsatz zu*

---

[99] Gesetzentwurf der Bundesregierung vom 17.02.12, Entwurf eines Zweiten Gesetzes zur Änderung arzneimittelrechtlicher und anderer Vorschriften, BT-DRs. 91/12, S.108.

steigern, diese Pflichten vernachlässigen; die Vermehrung der Verkaufsstellen wird ein Überangebot an Arzneimitteln durch Werbung bei der Bevölkerung hervorrufen und damit die ‚Tablettensucht' fördern; dies alles beeinträchtigt die ordnungsmäßige Arzneimittelversorgung der Bevölkerung und schädigt damit – im weiteren Verlauf – die Volksgesundheit. Ein wirksames Mittel, dieser gefährlichen Entwicklung von vornherein zu begegnen, ist eine gewisse Beschränkung der Zahl der Apotheken, die ihre wirtschaftliche Leistungsfähigkeit für die Erfüllung ihrer gesetzlichen Verpflichtungen sicherstellt."[100]

Man könnte beinahe meinen, der Bundesgesetzgeber hätte sich mit seinen beiden Hauptargumenten (*„flächendeckende und gleichmäßige Versorgung der Bevölkerung mit Arzneimitteln"* sicherstellen und Gefahr *„eines Fehl- oder Mehrgebrauchs"* vermeiden[101]) geradezu an der damaligen Begründung orientiert bei der Fassung seiner heutigen Gesetzesbegründung.

Besondere kritisch zu sehen ist in diesem Zusammenhang allerdings, dass in dem Referentenentwurf vom 02.12.2011[102] noch eine andere – möglicherweise die wahre – Begründung auftauchte. Dort heißt es nur: *„Die Regelung dient der Rechtssicherheit und der Schaffung gleicher Wettbewerbsbedingungen für Versandhandelsapotheken, die in Deutschland Arzneimittel vertreiben, unabhängig davon, ob sie ihren Sitz in Deutschland oder in einem anderen Mitgliedstaat der Europäischen Union oder einem Vertragsstaat des Abkommens über den Europäischen Wirtschaftsraum haben."*

Diese Begründung mit der Schaffung gleicher Wettbewerbsbedingungen wurde in der Folge übertüncht durch eine neue gesundheitspolitische Begründung in dem Regierungsentwurf. In Wahrheit dürfte es dem Bundesgesetzgeber von Anfang an um die gleichen Wettbewerbsbedingungen für stationäre Apotheken gegangen sein. Es geht ihm daher wohl um einen Schutz der Monopolstellung der Apotheken. Die Preisbindung ist im Laufe der Jahrhunderte damit genau in das Gegenteil umgeschlagen: Sollte sie

---

[100] BVerfG, Entscheidung vom 11. Juni 1958 – 1 BvR 596/56 –, BVerfGE 7, 377-444, Rn. 95.
[101] Gesetzentwurf der Bundesregierung vom 17.02.12, Entwurf eines Zweiten Gesetzes zur Änderung arzneimittelrechtlicher und anderer Vorschriften, BT-DRs. 91/12, S.108.
[102] Verfügbar unter www.bundesgerichtshof.de/DE/Bibliothek/GesMat/WP17/A/arzneimittelr2.html (Stand: 28.06.2015), S. 108.

zunächst dazu dienen, dass Apothekermonopol nicht ausufern zu lassen, soll sie heute dazu dienen, dass Monopol der stationären Apotheken aufrecht zu erhalten und gegenüber unliebsamer Konkurrenz aus der Europäischen Union zu schützen.

Diese gesetzgeberische Kehrtwende bei der Begründung ist nicht nur höchst ungewöhnlich. Sie führt zwangsläufig auch dazu, die nunmehr gegebene Begründung besonders kritisch zu hinterfragen, wie dies das Bundesverfassungsgericht vor knapp 60 Jahren auch bei der Begründung für die räumliche Bedarfsplanung bei Apotheken getan hat. Dies gebietet im Übrigen auch die Rechtsprechung des Europäischen Gerichtshofs. Dieser fordert, dass es den nationalen Gerichten obliegt, sich zu vergewissern, dass eine Regelung tatsächlich dem Anliegen entspricht, die der Gesetzgeber vorgibt oder in Wahrheit nicht ein anderer Sinn und Zweck verfolgt wird (sog. *„Test der Scheinheiligkeit"*).[103]

Das OLG Düsseldorf hat daher zu Recht in seiner EuGH-Vorlage die Frage aufgeworfen, ob die Behauptung zutreffe, nur die Preisbindung bei verschreibungspflichtigen Arzneimitteln stelle eine flächendeckende und gleichmäßige Versorgung der Bevölkerung mit verschreibungspflichtigen Arzneimitteln sicher. Insofern würde aller Wahrscheinlichkeit nach entscheidungserheblich sein, wie hoch die Anforderungen an solche Feststellungen vom Gericht in Anbetracht des dem Gesetzgeber zustehenden Wertungsspielraums seien. Bislang liege dem Senat hierzu kein konkreter Vortrag, geschweige denn solchen Vortrag untermauernde Unterlagen vor. Auch die Gesetzesbegründung begnüge sich mit dem bloßen Hinweis auf diese Gefahren. Solche Unterlagen seien auch der Kommission seitens der Bundesregierung offensichtlich nicht oder nicht in ausreichendem Umfang zur Verfügung gestellt worden. Im Anschreiben der Kommission an den Bundesaußenminister vom 20.11.2013 würde es hierzu heißen: *„Bislang haben*

---

[103] Vgl. z.B. EuGH, Urteil vom 08.09.2010, C-46/08, Celex-Nr. 62008CJ0046, Rdnr. 65, juris: *„Der Gerichtshof hat ferner klargestellt, dass es den nationalen Gerichten obliegt, sich im Licht insbesondere der konkreten Anwendungsmodalitäten der betreffenden restriktiven Regelung zu vergewissern, dass sie tatsächlich dem Anliegen entspricht, die Gelegenheiten zum Spiel zu verringern und die Tätigkeiten in diesem Bereich in kohärenter und systematischer Weise zu begrenzen."*

die deutschen Behörden nicht nachgewiesen, dass die Arzneimittelversorgung der Bevölkerung durch zusätzliche günstige Arzneimittelangebote ausländischer Apotheken gefährdet und die fragliche Maßnahme daher erforderlich wäre."[104]

Es stellen sich also nahezu identische Fragen wie seinerzeit im Apothekenurteil: Kommt es zu den auch heute wieder befürchteten *„uferlosen", „hemmungslosen"* bzw. *„schrankenlosen"* Auswirkungen auf das Apothekensystem in Deutschland oder sind die angeblichen Gefahren nicht auch heute erneut bei weitem übertrieben? Der Bundesgesetzgeber geht davon mit denkbar knapper Begründung aus. Es bedarf auch hier daher einer Prognosekontrolle[105] durch die zuständigen Gerichte – letztlich möglicherweise vor allem auch durch das Bundesverfassungsgericht. Es ist kritisch zu hinterfragen, ob die vom Bundesgesetzgeber genannten Schutzgüter tatsächlich bzw. im Sinne einer hinreichenden Wahrscheinlichkeit[106] durch eine angemessene Öffnung der Preisbindung gefährdet werden könnten. Ist es tatsächlich wahrscheinlich, dass ohne eine strikte Preisbindung bei verschreibungspflichtigen Arzneimitteln das Gesundheitssystem gefährden wird? Oder ist es eher naheliegend[107], dass das Gesundheitssystem und die gesicherte Arzneimittelversorgung auf anderen Säulen beruhen, die eine Preisbindung – ohne jegliche Ausnahme – nicht erfordern?

Dazu bedarf es wie seinerzeit im Apothekenurteil der sachverständigen Begutachtung und Prüfung der tatsächlichen Situation in Deutschland, die der Gesetzgeber wohl nicht einmal ansatzweise vorgenommen hat, wie dies die knappe Gesetzesbegründung mitsamt der überraschenden Kehrtwende im Rahmen der Gesetzesbegründung vermuten lässt. Der sachverständigen Begutachtung und Prüfung der tatsächlichen Situation in Deutschland und

---

[104] OLG Düsseldorf, EuGH-Vorlage vom 24. März 2015 – I-20 U 149/13, 20 U 149/13 –, Rn. 35 f., juris.
[105] Vgl. zu diesem Begriff etwa R. Breuer, in: Isensee/Kirchhof, Handbuch des Staatsrechts der Bundesrepublik Deutschland: Handbuch des Staatsrechts: Band VIII, 2010, S. 192.
[106] Vgl. BVerfG, Entscheidung vom 11. Juni 1958 – 1 BvR 596/56 –, BVerfGE 7, 377-444, Rn. 97; dieser Maßstab gilt – was die verfassungsrechtliche Prüfungsdichte anbelangt – auch heute noch. Die berechtigte Frage des OLG Düsseldorf (EuGH-Vorlage vom 24. März 2015 – I-20 U 149/13, 20 U 149/13 –, Rn. 35, juris), wie hoch die Anforderungen an „Feststellungen" des Gesetzgebers sind, lässt sich verfassungsrechtlich heute immer noch mit den Ausführungen aus dem Apothekenurteil beantworten.
[107] Vgl. BVerfG, Entscheidung vom 11. Juni 1958 – 1 BvR 596/56 –, BVerfGE 7, 377-444, Rn. 140.

damit der Nachholung der eigentlichen Aufgabe des Gesetzgebers dienen vor allen Dingen die weiteren Ausführungen in den folgenden Teilen.

G. Hoheitlicher Regelungsauftrag zur Sicherstellung einer Arzneimittelversorgung

Misst man aber dem Apothekenwesen im deutschen Gesundheitswesen nicht die gleichhohe Bedeutung bei wie der Leistungserbringerseite, dann könnte dem Apothekenwesen allein deshalb die *„integrale Bedeutung im Gesundheitswesen"* aberkannt werden. Gleichwohl ist unbestreitbar, dass die Arzneimittelversorgung wohl nicht integraler, aber doch wichtiger Bestandteil des nationalen Gesundheitswesens ist. Dies führt zu der Folgefrage, ob die Preisbindung dennoch gerechtfertigt ist. Dem ist allerdings entgegenzuhalten, dass gerade im Apothekenwesen noch zahlreiche andere Regulierungsinstrumente bestehen, die gegenüber einer Preisbindung die deutlich milderen Mittel zur Vermeidung von Unterversorgungen in bestimmten Regionen darstellen.

Folgende Beispiele der staatlichen Regulierung der Arzneimittelversorgung greifen wir exemplarisch heraus, weil sich an ihnen besonders gut belegen lässt, dass die Gefahren, die der Bundesgesetzgeber heraufbeschwört, auch durch deutlich mildere Mittel gelöst werden können (bzw. schon gelöst worden sind):

I. Sicherstellungsauftrag pharmazeutischer Unternehmer und des Großhandels gem. § 52b AMG

An der Regelung des § 52b AMG zeigt sich, dass eine Preisbindung bzw. ein Rabattverbot zur Gewährleistung einer flächendeckenden Versorgung nicht erforderlich sind.

§ 52b Abs. 1 AMG enthält einen öffentlichen Sicherstellungsauftrag für die Versorgung mit Arzneimitteln, der pharmazeutischen Unternehmern und den Betreibern von Arzneimittelgroßhandlungen zugewiesen wird. Diesen

Versorgungsauftrag konkretisiert § 52b Abs. 2 S. 1 AMG. Er räumt vollversorgenden Arzneimittelgroßhandlungen einen Belieferungsanspruch gegen pharmazeutische Unternehmer ein. Unter § 52b Abs. 3 AMG wird der Belieferungsanspruch auf das nächste Glieder der Arzneimittelversorgung erstreckt, die Apotheken, indem diesen ein Belieferungsanspruch gegenüber den vollversorgenden Arzneimittelgroßhandlungen sowie anderen Arzneimittelgroßhandlungen im Umfang der von ihnen jeweils vorgehaltenen Arzneimittel.[108]

Die Vorschrift des § 52b AMG dient der Umsetzung von Art. 81 II RL 2001/83/EG und weist pharmazeutischen Unternehmern und Arzneimittelgroßhändlern einen *„öffentlichen Sicherstellungsauftrag für die Versorgung mit Arzneimitteln"* zu. Denn der gesetzliche Versorgungsauftrag der Apotheken ist nach Ansicht des Gesetzgebers nur erfüllbar, wenn eine kontinuierliche Belieferung mit Arzneimitteln und eine funktionierende Infrastruktur zur Distribution und Lagerung von Arzneimitteln gewährleistet sind.

II. Instrumente des Apothekenrechts zur Sicherstellung einer flächendeckenden Arzneimittelversorgung

Das deutsche Apothekenrecht enthält ebenfalls schon jetzt detaillierte Regelungen für den Fall der vom Gesetzgeber heraufbeschworenen Notständen bei der Versorgung.

Diese finden sich in den §§ 16 ff. ApoG: Im Falle von Versorgungsnotständen besteht nach § 16 ApoG zunächst die Möglichkeit, einem Inhaber einer nahegelegenen Apotheke auf Antrag die Erlaubnis zum Betrieb einer Zweigapotheke zu erteilen. Sofern die zuständige Behörde Kenntnis von einem Versorgungsnotstand erhält, hat sie diesen nach § 17 S. 1 ApoG öffentlich bekannt zu machen. Wird hierauf weder ein Antrag auf Betrieb einer Apotheke noch auf Betrieb einer Zweigapotheke gestellt, so kann die zuständige Behörde einer Gemeinde oder einem Gemeindeverband die

---

[108] Zum Ganzen: Kügel, in: Kügel/Müller/Hofmann, AMG, 1. Aufl. 2012, § 52b Rdnr. 1 ff.

Erlaubnis zum Betrieb einer Apotheke unter Leitung eines von ihr anzustellenden Apothekers erteilen, wenn diese die vorgeschriebenen Räume und Einrichtungen nachweisen.

Der Gesetzgeber geht also selbst davon auszugehen, dass Versorgungsnotstände über die in §§ 16 ff. ApoG geregelten Maßnahmen vermieden werden können bzw. aufzulösen sind. Dies belegt, dass eine Preisbindung im Bereich verschreibungspflichtiger Arzneimittel zur Gewährleistung einer flächendeckenden Arzneimittelversorgung überhaupt nicht erforderlich ist. Die viel milderen Mittel sind schon im Gesetz vorgesehen. Im Bedarfsfall können sie selbstverständlich auch angewandt werden.

H. Zusammenfassung

Zusammenfassend lässt sich festhalten, dass die integralen Bestandteile des deutschen Gesundheitswesens die Bedarfsplanung im Bereich der ambulanten und stationären Versorgung mit Gesundheitsleistungen verbunden mit dem Anspruch der Bürger auf eine angemessene Behandlung sind. Dem Apothekenwesen wird diese höchste Bedeutung nicht zugemessen. Denn sonst hätte das Bundesverfassungsgericht auch für das Apothekenwesen eine Regulierung durch Bedarfsplanung als erforderlich erachtet. Es hat jedoch schon früh festgestellt, dass das nationale Gesundheitssystem nicht „zusammenbricht", wenn die Zahl der Apotheken nicht örtlich gesteuert wird.

Das Apothekenwesen und die Arzneimittelversorgung sind aber unbestreitbar ein wichtiger Teil des nationalen Gesundheitswesens. Das bedeutet aber nicht, dass jegliche massive Eingriffe in die Grundrechte und Grundfreiheiten der beteiligten Akteure gerechtfertigt wären. Beschränkungen und Eingriffe sind vielmehr in jedem einzelnen Fall kritisch zu hinterfragen. Das Bundesverfassungsgericht hat dies in seinem Apothekenurteil in vorbildlicher Art und Weise getan. Es hat insbesondere die seinerzeitige Begründung für eine Bedarfsplanung auf den Prüfstand gestellt. Die von ihm angehörten Sachverständigen haben bestätigt, dass die vielfach heraufbeschworenen Gefahren für das Gesundheitswesen tatsächlich nicht bestehen.

Ein solches kritisches Hinterfragen ist auch heute angebracht, wenn es um die Begründung für die Preisbindung bei verschreibungspflichtigen Arzneimitteln geht. Diese führt faktisch dazu, dass Versandapotheken keine reelle Chance haben, sich an dem Markt der Versorgung mit verschreibungspflichtigen Medikamenten zu beteiligen. Für sie stellen sich die Preisbindung verbunden mit den restriktiven Vorschriften über zulässige Werbung letztlich als Berufsausübungsregelungen, die in ihrem Ergebnis mit Berufswahlregelungen gleichzustellen sind. Derart massive Beschränkungen bedürfen einer besonderen Rechtfertigung. Der EuGH hat hierzu die Hürde aufgestellt, dass es sich um integrale Bestandteile des Gesundheitswesens handeln muss. Die Regelungen müssen die tragenden Säulen sein.

Diesen hohen Anforderungen werden die Regelungen nicht gerecht, wie dies im Folgenden anhand der tatsächlichen Situation belegt wird. Es reicht vielmehr aus, dass andere Regulierungsinstrumente vorhanden sind, um einer drohenden Unterversorgung mit Arzneimitteln vorzubeugen. Zu nennen sind insoweit exemplarisch die Erlaubnis zum Betrieb einer Zweigapotheke gem. § 16 ApoG oder die Eröffnung einer Notapotheke gem. § 17 ApoG. Darüber hinaus bedarf es keiner Preisbindung, jedenfalls nicht in dem Umfang einer strikten Preisbindung ohne jegliche Ausnahmen.

3. Hans-Dieter Wichter

Die Ärzte als Determinante für die Steuerung und Gewährleistung der flächendeckenden Arzneimittelversorgung und die Distributionsfunktion der Apotheken im Raum

1. Zur Steuerung und Gewährleistung der flächendeckenden Arzneimittelversorgung durch die Ärzte

Der Sachverständigenrat zur Begutachtung der Entwicklung im Gesundheitswesen hat in seinem Sondergutachten 2009 festgestellt: „Arzneimittel sind die am häufigsten eingesetzte Therapieform in der ambulanten Versorgung und gehören, richtig angewendet, zu den wirksamsten und effizientesten Instrumenten ärztlicher Hilfe."[109] Es ist der ambulant behandelnde Arzt, der mit Diagnose und Therapie die Nachfrage nach Arzneimitteln steuert. Der Arzneimittelpreis hat zumindest auf der Ebene des Patienten als „Endverbraucher" grundsätzlich keinen Einfluss auf die Nachfrage. Der Arzt sichert mit seinen medizinisch begründeten Verordnungen gleichzeitig auch das Angebot, also die Versorgung mit verschreibungspflichtigen Medikamenten (RX): Wo ein bestimmtes Volumen an ärztlichen Verordnungen zusammenkommt, ist nach den Gesetzen des Marktes eine Apotheke. Sie übernimmt die Distribution der vom Arzt gesteuerten Menge und unterstützt im Idealfall die ärztliche Therapie durch pharmazeutische Beratung.[110] Umgekehrt bedeutet dies auch: In einer Region hätte die Apotheke keine Existenzgrundlage mehr, wenn die Ärzte sich dort verabschiedeten. Wie viele Apotheken in welcher Größe sind nun notwendig, um die Steuerung und Sicherung der flächendeckenden Arzneimittelversorgung durch die Ärzte zu ergänzen? Im

---

[109] Sachverständigenrat zur Begutachtung der Entwicklung im Gesundheitswesen, „Koordination und Integration – Gesundheitsversorgung in einer Gesellschaft des längeren Lebens. Sondergutachten 2009", veröffentlich als Drucksache des Deutschen Bundestages, 16. Wahlperiode, Drucksache 16/13770, Kapitel 6.3, S. 348, Ziffer 757. Im Internet unter http://dip21.bundestag.de/dip21/btd/16/137/1613770.pdf (Abruf 23.05.2015).
[110] Ibid., S. 348 ff., Ziffern 758 ff., Der Sachverständigenrat beschreibt hier die ergänzende Funktion des Apothekers bei der immer komplexer werdenden Arzneimitteltherapie. Er ist verhalten, was die Voraussetzungen des deutschen Apothekensystems zur Erfüllung dieser modernen komplizierten Aufgaben anbetrifft. S. Ziffer 765.

Folgenden wird gezeigt, dass bei gegebener Anzahl der Ärzte und deren Verordnungsvolumina in vielen ländlichen, aber auch in urbanen Regionen ein Überangebot mit Apotheken besteht. Dabei handelt es sich i.d.R. um Unternehmen mit einer suboptimalen Betriebsgröße, die kaum Finanzierungspotenzial für zukunftsorientierte Investitionen aufbringen.[111] Diese Apotheken überleben nur durch die festen Arzneimittelpreise. Sie verursachen volkswirtschaftliche Kosten. Sie nehmen nicht am Fortschritt in der Beratungsfunktion teil, können nicht in moderne Kommunikations- und Logistiktechnologien investieren.

2. Zum Begriff der flächendeckenden Arzneimittelversorgung

Der Begriff der „flächendeckenden Versorgung der Bevölkerung mit Arzneimitteln", ist weder im Sozialgesetzbuch V (Gesetzliche Krankenversicherung) noch im Apothekenrecht oder im Arzneimittelrecht definiert. Es handelt sich eher um einen unbestimmten Begriff, der je nach Interessenlage unterschiedlich ausgelegt wird.[112] In § 1 Absatz 1 Apothekengesetz heißt es zur

---

[111] S. dazu den Beitrag „Anmerkungen zur wirtschaftlichen Lage er Apotheken in Deutschland" in dieser Publikation, insbesondere S. 4 ff. Etwa 60 Prozent der deutschen Apotheken erzielen nicht den Durchschnittsumsatz einer Apotheke. Dieser liegt in einer Größenordnung, die kaum eine Finanzierung zukunftsorientierter Investitionen zulassen. Zu der Zahl von rund 60 Prozent s. auch ABDA (Hg.): „Die Apotheke...", a.a.O., S. 28. Die ABDA weist darauf hin, dass von dem von ihr ermittelten Durchschnittsgewinn zum Einen noch Steuern und die Altersvorsorge zu zahlen sind. Zum anderen muss er daraus seine Investitionen finanzieren.

[112] Dieser Begriff wird in der gesundheitspolitischen Diskussion verwendet, so z.B. im Koalitionsvertrag als Basis der Bundesregierung seit 2013: „Deutschlands Zukunft gestalten. Koalitionsvertrag zwischen CDU, CSU und SPD. 18. Legislaturperiode. Seite 80 f. Dort findet sich die Aussage: „Wir stehen für eine flächendeckende, innovative und sichere Arzneimittelversorgung in Deutschland." Und weiter auf S. 81: „Ein qualitativ hochwertige, sichere und wohnortnahe Arzneimittelversorgung erfordert freiberuflich tätige Apothekerinnen und Apotheker in inhabergeführten Apotheken. An dem bestehenden Mehr- und Fremdbesitzverbot wird festgehalten". Im Internet unter http://www.bundesregierung.de/Content/DE/_Anlagen/2013/2013-12-17-koalitionsvertrag.pdf?__blob=publicationFile (Abruf 22.05.2015). S. auch die Antwort der Bundesregierung auf die Kleine Anfrage „Wirtschaftliche Situation der Apotheken" der Abgeordneten Dr. Martina Bunge, Diana Golze, Matthias W. Birkwald, weiterer Abgeordneter und der Fraktion DIE LINKE vom 10. 09. 2012, Deutscher Bundestag, 17. Wahlperiode, Drucksache 17/10628. (Internet http://dip21.bundestag.de/dip21/btd/17/106/1710628.pdf (Abruf 22.05.2015). In der Vorbemerkung der Bundesregierung (S. 1) stellt diese fest: „Ein wesentliches Ziel der Bundesregierung ist es, die flächendeckende Arzneimittelversorgung durch Apotheken sicherzustellen. Das Bundesministerium für Wirtschaft und Technologie hat eine Erhöhung des Apotheken-Festzuschlages für verschreibungspflichtige Fertigarzneimittel von 8,10 Euro auf 8,35 Euro pro Packung (unter Beibehaltung des 3-prozentigen variablen Zuschlages pro Packung) vorgeschlagen, die zum 1. Januar 2013 in Kraft treten soll. Damit soll offenbar eine Kausalität zwischen flächendeckender Versorgung und Apothekenzuschlägen insinuiert werden. Wenn die Bundesregierung nachweisen könnte, dass eine solche Kausalität nachweisbar ist, hätte sie ausdrücklich darauf hingewiesen. Dass diese Kausalität nicht zutrifft, wird in der vorliegenden Arbeit aufgezeigt. Auch die ABDA verwendet den Begriff der flächendeckenden Versorgung, ohne ihn zu spezifizieren oder den Zusammenhang mit

Arzneimittelversorgung lediglich: „Den Apotheken obliegt die im öffentlichen Interesse gebotene Sicherstellung einer ordnungsgemäßen Arzneimittelversorgung der Bevölkerung." Auch dieser Begriff der ordnungsgemäßen Arzneimittelversorgung ist bei wirtschaftlicher Betrachtung wenig konkret. Er ist ohne weitere Präzisierung als Handlungsanweisung, etwa für eine Bedarfsplanung wie es sie im Bereich der Kassenärzte gibt,[113] nicht operational. In der Literatur wird eine 6-km-Entfernung zur nächsten Apotheke genannt, ab deren Überschreitung eine ordnungsgemäße Versorgung der Bevölkerung in der Fläche nicht mehr gewährleistet sei.[114] Die einzige Maßnahme allerdings, die in einem solchen Fall nach der Apothekenbetriebsordnung von den zuständigen Landesbehörden konkret zur Arzneimittelversorgung ergriffen werden kann, ist die Erlaubnis zur Einrichtung sogenannter Rezeptsammelstellen.[115] Diese 6-km-Regelung bzw. die Vorschriften zum Einrichten und zum Betrieb von Rezeptsammelstellen spiegelt eine mangelnde Zukunftsorientierung der pharmazeutischen Distributions- und Beratungssysteme wider. Angesichts moderner Informations- und Kommunikationstechnologien sowie moderner Transport-

---

der Größe, der Verteilung oder der Leistungsfähigkeit von Apotheken oder den Zusammenhang mit festen RX-Preisen nachzuweisen. So stellt die ABDA z.B. im Zusammenhang mit der im Jahre 2014 erneut gesunkenen Apothekenzahl lediglich fest: „Die flächendeckende Versorgung der Bevölkerung mit Arzneimitteln ist derzeit dennoch nicht gefährdet." S. ABDA (Hg.): „Die Apotheke. Zahlen. Daten. Fakten. 2015", Berlin 2015, S. 8. Die Publikation ist im Internet veröffentlicht unter http://www.abda.de/fileadmin/assets/ZDF/ZDF_2015/ABDA_ZDF_2015_Brosch.pdf (Abruf 12.05.2015).

[113] Vgl. dazu § 99 ff Sozialgesetzbuch V (Bedarfsplanung, Unterversorgung, Überversorgung) und insbesondere die Richtlinie des Gemeinsamen Bundesausschusses über die Bedarfsplanung sowie die Maßstäbe zur Feststellung von Überversorgung und Unterversorgung in der vertragsärztlichen Versorgung (Bedarfsplanungs-Richtlinie) in der Neufassung vom 20. Dezember 2012, zuletzt geändert am 18. Dezember 2014. Im Internet unter https://www.g-ba.de/downloads/62-492-984/BPL-RL_2014-12-18_iK-2015-03-07.pdf (Abruf 12.05.2015)

[114] S. Neumeier, Stefan: „Modellierung der Erreichbarkeit öffentlicher Apotheken", Thünen Working Paper 14, Thünen-Institut für ländliche Räume, Braunschweig 2013, Das Thünen Institut für ländliche Räume ist ein Bundesforschungsinstitut für Ländliche Räume, Wald und Fischerei und gehört zum Geschäftsbereich des Bundesministeriums für Ernährung, Landwirtschaft und Verbraucherschutz, S. 3, 25, 31 und passim
S. 3. Im Internet unter http://literatur.ti.bund.de/digbib_extern/dn052778.pdf (Abruf 13.05.2015). Diese konkrete 6-km-Entfernung ist ein älteres Kriterium aus der Rechtsprechung und findet sich nicht im Apothekenrecht wieder.

[115] S. § 24 Absatz 1 Verordnung über den Betrieb von Apotheken (Apothekenbetriebsordnung – ApBetrO). Die Umsetzung dieser Vorschrift ist obliegt i.d.R. des Landesapothekerkammern als Körperschaften des öffentlichen Rechts. Vgl. dazu z.B. die „Richtlinie der Sächsischen Landesapothekerkammer für die Erteilung von Erlaubnissen zur Unterhaltung von Rezeptsammelstellen" vom 19. Dezember 1996 in der Fassung der Änderungssatzung vom 13. November 2012. Dort ist in § 1 Absatz 3 bestimmt, dass ein Ort oder Ortsteil als abgelegen gilt, wenn die straßengebundene Entfernung vom Ortsmittelpunkt zum Standort der nächstgelegenen Apotheke mindestens 6 km beträgt. Hinzu kommen noch andere Bedingungen, die erfüllt sein müssen. (Im Internet unter http://www.slak.de/downloads/12-rl-rss-lesefassung.pdf (Abruf 22.05.2015).

möglichkeiten dürfte dieses System in Verbindung mit der ärztlichen Verordnung auf Papier auf Dauer nicht haltbar sein.

Objektive Bedarfskriterien zur Operationalisierung des Begriffes der „flächendeckenden Versorgung" und deren Sicherstellung wie etwa Anzahl oder Betriebsgröße der Apotheken und ihre Verteilung im Raum kann es als Basis für staatliche Regulierungen auch nicht geben: Entsprechende Vorschriften zur staatlichen Steuerung von Apotheken sind schon früh durch das liberalisierende Apothekenurteil des Bundesverfassungsgerichtes vom 11. Juni 1958 für verfassungswidrig erklärt worden.[116] Damit ist im Laufe der neueren deutschen Apothekengeschichte auch dieser Begriff der „flächendeckenden Versorgung" im Grunde offen geblieben. Bis zu dem damaligen Verfassungsgerichtsurteil wurden Betriebserlaubnisse für Apotheken nach Landesrecht im öffentlichen Interesse dann erteilt, wenn diese „lebensfähig sind" und bestehende Apotheken in ihrem Bestand nicht gefährden.[117] Eine neue Apotheke durfte nur gegründet werden, wenn die Errichtung zur Sicherung der Versorgung der Bevölkerung im „öffentlichen Interesse" lag.[118] Faktisch wurden räumliche Abgrenzungen vorgenommen, in denen eine Apotheke nur dann zugelassen wurde, wenn die bestehenden die Bevölkerung nicht ausreichend versorgen konnten. So sollte ein Wettbewerb zwischen Apotheken ausgeschlossen bleiben. Entsprechend wurden in der (alten) Bundesrepublik Deutschland bis Ende der 1950er Jahre etwa 7000 bis 8000 Einwohner durch eine Apotheke versorgt.[119] Eine solche objektive Bedarfsplanung verstieß nach Auffassung des Bundesverfassungsgerichtes gegen das in Artikel 12 Absatz 1 Grundgesetz geregelte Grundrecht der Freiheit der Berufswahl und auf einer weiteren Ebene gegen das der Berufsausübung. Aus der Begründung zu dem Apothekenurteil kann im Übrigen auch

---

[116] BVerfGE 7, 377, vom 11. Juni 1958 (1 BvR 596/56)
[117] Ibid., Begründung A, Randziffer 13 und 14
[118] Ibid., Begründung, B III, Randziffer 51, diese Regelung bezog sich auf bayerisches Landesrecht. (Bayerisches Gesetz über das Apothekenwesen vom 16. Juni 1952 in der Fassung vom 10. Dezember 1955). Ähnliche Vorschriften gab es aber auch in anderen Bundesländern.
[119] Vgl. dazu die Tabelle im Anhang

geschlossen werden, dass aus Sicht des Gerichtes die damalige niedrige Zahl von Apotheken keine Gefährdung der Arzneimittelversorgung darstellte – ebenso wenig aber auch eine hohe Zahl an Apotheken.[120] Diese historische Betrachtung allein zeigt schon, dass eine flächendeckende Versorgung mit Arzneimitteln unabhängig von der Zahl der Apotheken oder von in Deutschland seit 1905 regulierten Arzneimittelpreisen gewährleistet werden kann.[121]

Vor diesem Hintergrund hat sich die Einschätzung des Bundesverfassungsgerichtes von 1958 seit nahezu 60 Jahren als belastbar erwiesen. Trotz unterschiedlicher Apothekenzahlen, des sich ständig ändernden Apotheken- und Arzneimittelrechts und der Dynamik in der Entwicklung der Arzneimittelpreise ist auf der grundsätzlich marktwirtschaftlich organisierten Distributionsebene

---

[120] In seiner Begründung verwies das Bundesverfassungsgericht auf ein Schreiben der Federation Internationale Pharmaceutique vom 31. Dezember 1949, in dem die Länder mit Niederlassungsfreiheit denen gegenübergestellt wurden, die diese Freiheit beschränkt haben. Die Federation kommt zu dem Ergebnis, dass keinem der beiden Systeme „bereits von Haus aus die Tendenz innewohnt, Störungen der ordnungsgemäßen Arzneimittelversorgung der Bevölkerung hervorzurufen und damit die Volksgesundheit zu gefährden". BVerfGE 7, 377, vom 11. Juni 1958 (1 BvR 596/56), Begründung, Kapitel A Randziffer 103. Damit wurde zwar das Prinzip der Niederlassungsfreiheit gestützt. Gleichzeitig wurde damit aber auch die niedrige Zahl an Apotheken nicht als Problem für eine sicher Arzneimittelversorgung als solche angesehen. Zu einer ähnlichen Bewertung kommt der Sachverständigenrat zur Begutachtung der Entwicklung im Gesundheitswesen: „Bedarfsgerechte Versorgung -. Perspektiven für ländliche Regionen und ausgewählte Leistungsbereiche. Gutachten 2014". Kapitel 2 „Arzneimittelversorgung", Abschnitt 2.4 „Die Arzneimitteldistribution", S. 117. Im Internet unter http://www.svr-gesundheit.de/fileadmin/user_upload/Gutachten/2014/SVR-Gutachten_2014_Langfassung.pdf (Abruf 23.05.2015).

[121] Gesamtstaatliche Preisregulierungen für Arzneimittel gibt es in Deutschland seit 1905 mit der Einführung der Deutschen Arzneitaxe, die danach weiter fortgeschrieben wurde, wie etwa grundlegend mit der Fassung vom 1. Januar 1936. In der Bundesrepublik Deutschland wurde das System der Arzneitaxe weitergeführt. Die Zuschläge bei der Abgabe von Fertigarzneimitteln waren bis 1977 in der Bundes-Arzneitaxe geregelt (Bundesanzeiger Nr. 83 vom 30. April 1952). Die gesetzliche Grundlage hierfür war das Arzneimittelgesetz, das 1952 an Stelle der entsprechenden Regelungen in der Gewerbeordnung trat. In § 37 des Arzneimittelgesetzes vom 19. Mai 1961 ist geregelt, dass der Bundesminister für Wirtschaft ermächtigt wird, in der Deutschen Arzneitaxe (1) Preise und Preisspannen für die Abgabe von Arzneimitteln und für Abgabegefäße und (2) Vorschriften über die Bildung von Preisen zu erlassen (Bundesgesetzblatt Teil I, Nr. 33. Bonn 19. Mai 1961, S. 533 ff.). Von 1978 bis Ende 1980 waren die Zuschläge für Fertigarzneimittel Regelungsgegenstand der Verordnung über Preisspannen für Fertigarzneimittel vom 17. Mai 1977. Seit 1981 werden die Festpreise in der Arzneimittelpreisverordnung geregelt. (s.o. Fußnote Nr. 4: Antwort der Bundesregierung auf die Kleine Anfrage „Wirtschaftliche Situation der Apotheken, a.a.O.). Zur Geschichte der der deutschen Arzneimittelpreissysteme bis zum Beginn der 1970er Jahre s. Zacher, Hans F.: „Die Geschichte der Arzneimittelversorgung in der gesetzlichen Krankenversicherung", in: Külp, Bernhard; Stützel Wolfgang (Hg.): „Beiträge zu einer Theorie der Sozialpolitik. Festschrift für Elisabeth Liefermann-Keil zum 65. Geburtstag, Berlin 1973, S. 201 bis 228. Zur erstmaligen Preisregulierung durch die Arzneitaxe s. S. 213 ff. Der Direktor Gesundheitsmärkte bei der Deutschen Apotheker- und Ärztebank, Georg Heßbrügge, hat in einem Interview mit der Fachzeitung apotheke adhoc darauf hingewiesen, dass auch mit 18.500 bis 19.000 Apothekenbetrieben die Arzneimittelversorgung nicht gefährdet ist . S. das Interview „Jede fünfte Apotheke macht keinen Spaß" in: Apotheke adhoc, Online-Ausgabe vom 5. Februar 2015, das Interview führte Julia Pradel. (Im Internet http://www.apotheke-adhoc.de/nachrichten/apothekenpraxis/nachricht-detail-apothekenpraxis/interview-georg-hessbruegge-apobank-apotheken-selbststaendige-umsatz/ (Abruf 24.05.2015).

kein signifikanter Versorgungsengpass bekannt geworden.[122] Ein entscheidender Grund hierfür ist, dass die Gewährleistung der Versorgung mit Arzneimitteln von den flächendeckend im Raum verteilten Ärzten abhängt, die mit ihren RX-Verordnungen[123] (mehr als 80 Prozent des Apothekenumsatzes, s.o.) über die Zahl und die Existenz der Apotheken entscheiden. Der Apotheker folgt dem Arzt nach den einfachen Grundsätzen der Marktwirtschaft. Durch die festen RX-Preise hat dies, wie noch weiter zu zeigen sein wird, zu einer zu hohen Zahl an Apotheken geführt. Mit flexiblen Preisen könnte der Markt seine Steuerungsfunktion wahrnehmen und das Apothekenangebot an die Nachfrage anpassen. Dabei würden auch die Größe, die Effizienz und die Leistungsfähigkeit einer Apotheke gesteuert. Derzeit gibt es zu viele Betriebe mit einer suboptimalen Betriebsgröße. Im Zweifel kann eine große und wohl organisierte Apotheke mit einem guten Liefersystem den Bedarf einer Region effizienter und kostengünstiger decken als viele kleine und wenig effektive Apotheken. Dies gilt insbesondere auch für die Beratungsfunktion des Pharmazeuten.

3. Die Steuerung der Arzneimittelversorgung, der Zahl und der Allokation der Apotheken durch die Zahl der Ärzte und deren Verteilung im Raum

Der RX-Apothekenumsatz setzt sich wie jeder Umsatz aus der verkauften Menge an Verpackungen und dem Preis für die einzelne Verpackung zusammen. Im Gegensatz zu anderen Märkten bestimmt aber nicht der Patient als Verbraucher den Bedarf an RX und die verkaufte Menge. Dies liegt allein in der Entscheidung des

---

[122] Eine andere Frage ist, ob Lieferengpässe im Bereich der pharmazeutischen Industrie oder im Großhandel eine Versorgung der Bevölkerung insgesamt oder in Teilräumen dazu führen, dass hierdurch eine Gesundheitsgefährdung verursacht wird. Dies wird durchaus im Bereich der Hersteller beobachtet, die aus verschiedenen Gründen eine entsprechende Nachfrage nicht bedienen können (s. hierzu z.B. Sachverständigenrat zur Begutachtung der Entwicklung im Gesundheitswesen, Gutachten 2014, Kapitel „2.1 Der deutsche Arzneimittelmarkt", Ziffer 12: Exkurs „Lieferengpässe bei Arzneimitteln", im Internet unter http://www.svr-gesundheit.de/index.php?id=479 (Abruf 12.04.2015). Derartige Lieferengpässe treten regelmäßig zwar auch in Apotheken auf. Die Gefährdung entsteht aber nicht durch eine fehlende Apotheke oder eine Behinderung der Auslieferung, sondern durch das fehlende Arzneimittel auf Grund industrieller Engpässe.
[123] Im Folgenden wird für verschreibungspflichtige Arzneimittel die Abkürzung RX verwendet.

Arztes, der in erster Linie nach medizinischen Kriterien verordnet. Dass der Arzt auf Grund der finanziellen Belastungen der gesetzlichen Krankenversicherungen (GKV) dabei auch die Wirtschaftlichkeit der Verschreibung zu beachten hat (Generika statt Originalpräparate, Reimporte usw.),[124] ändert nichts an der medizinischen Bedarfs- und Nachfragekonfiguration durch den Arzt.

Wie werden nun die Zahl der Ärzte und deren Verteilung im Raum bestimmt? Zwar ist die Berufswahl des Arztes frei und seine Zulassung zum Studium nur von seiner persönlichen Befähigung abhängig. Grundsätzlich hängt die Berufswahl nicht von objektiven Bedarfskriterien ab. Allerdings kann gemäß § 99 ff. Sozialgesetzbuch V die Zulassung als Kassenarzt geregelt werden. Grund ist die gesamtwirtschaftliche Finanzierbarkeit des Krankenversicherungssystems. Die Planungsdetails sind in einer Bedarfsplanungs-Richtlinie festgelegt.[125] Hierbei wird insbesondere bestimmt, wieviel Kassenärzte in welchem Raum nach welchen Kriterien (z.B. Demographie) zur ambulanten medizinischen Versorgung zugelassen werden. Für den wichtigen Bereich der hausärztlichen Versorgung etwa ist vorgesehen, dass ein Hausarzt 1.671 Einwohner versorgen soll (59,8 Hausärzte je 100.000 Einwohner).[126] Bei diesen Planungsprozessen sind auch krankheitsrelevante Faktoren (Demographie usw.) einbezogen. Damit wirken sich solche besonderen Einflüsse über das Therapie- und Verordnungsverhalten der Ärzte indirekt auch auf Umsatz und Standort von Apotheken aus. Mehr Verordnungen z.B. für mehr ältere Menschen in einer Region bestimmen das RX-Sortiment und

---

[124] Der Grundsätze für die Verschreibungen der GKV-Vertragsärzte ergeben sich insbesondere aus der Richtlinie des Gemeinsamen Bundesausschusses über die Verordnung von Arzneimitteln in der vertragsärztlichen Versorgung (Arzneimittel-Richtlinie/AM-RL) in der Fassung vom 28. Dezember 2008/22.Januar 2009 zuletzt geändert am 22. Januar 2015. (Im Internet: https://www.g-ba.de/downloads/62-492-990/AM-RL_2015-01-22_iK-2015-03-11.pdf (Abruf 12.05.2015). Das Ziel der Verordnung von Arzneimitteln ist die bedarfsgerechte und wirtschaftliche Versorgung der Versicherten (S. 7).
Vgl. zu dieser Frage auch die wissenschaftlich-analytischen Ausführungen des Sachverständigenrates zur Begutachtung des Gesundheitswesens, Jahresgutachten 2014, a.a.O., Kapitel 2.2 mit der aufschlussreichen Analyse der regionalen Unterschiede beim Verschreibungsverhalten der Ärzte.
[125] S. dazu z.B. § 1, §§ 4 ff Bedarfsplanungs-Richtlinie, a.a.O.
[126] § 11 Absatz 4 Bedarfsplanungs-Richtlinie. Für das Ruhrgebiet gelten wegen der regionalen Besonderheiten andere Relationen (z.B. ein Hausarzt je 2.134 Einwohner), vgl. dazu § 65 Absatz 3 und 4 Bedarfsplanungs-Richtlinie.

können den entsprechenden Umsatz der Apotheken erhöhen. Damit beeinflussen die bei der Ärzteplanung berücksichtigten arzneimittelrelevanten Standortmerkmale indirekt auch die Dispositionen und den wirtschaftlichen Erfolg der Apotheker.

Als regionale Planungsbereiche für den Ärztebedarf werden Planungsregionen nach der Definition des Bundesinstitutes für Bau-, Stadt- und Raumforschung (BBSR) verwendet. Das sind im Wesentlichen die sogenannten kleinräumigen Mittelbereiche für die Zulassung der Hausärzte. Für die so genannten allgemeinen Fachärzte (z.B. Kinderärzte, Orthopäden, Augenärzte s.u.) sind es fünf Typen von Kreisen je nach deren geographischer Lage in Ballungsräumen oder in ländlichen Regionen. Die Kategorisierung weiterer großflächiger Raumeinheiten gilt für hochspezialisierte Fachärzte (z.B. Radiologen, Kardiologen).[127] Wählen genug Ärzte in diesen jeweiligen Raumeinheiten ihren Standort, werden sie i.d.R. als Kassenärzte zugelassen und entsprechend finanziert.

---

[127] S. dazu BBSR, Website, Startseite>Themen>Raumbeobachtung, „Raumabgrenzungen des BBSR Grundlage für ärztliche Bedarfsplanung. Im Internet unter http://www.bbsr.bund.de/BBSR/DE/Raumbeobachtung/Ablage_Meldungen/Bedarfsplanung.html (Abruf 12.05.2015). Für die Bedarfsplanung der Hausärzte werden gut 880 Mittelbereiche zugrunde gelegt. Das sind Raumeinheiten um ein Mittelzentrum mit etwa 20.000 bis 50.000 oder mehr Einwohnern. Bei den Fachärzten ist es etwas komplizierten. Je nach Kreistype (z.B. Ballungsraum oder ländlicher Raum mit Zwischenkategorien) sind unterschiedliche Kennziffern vorgesehen. Z.B. versorgt in Typ 1 ein Chirurg planerisch 26.230 Einwohner, in Typ 2 sind es 39.711.

Tabelle 1:

Anzahl Apotheken in Deutschland; Anzahl Ärzte (ambulant) in Deutschland, die zu Lasten der GKV verordnen; Anzahl der ärztlichen Verordnungen zu Lasten GKV; Wert je Verordnung; Ärzte je Apotheke; Umsatz mit verschriebenen Arzneimitteln (der Ärzte je Apotheke zu Lasten GKV)*

Jahr	Anzahl Apotheken	Anzahl Ärzte (GKV ambulant)	Durchschnittliche Anzahl Verordnungen je Arzt zu Lasten GKV	Durchschnittlicher Wert je Verordnung in €	Umsatz je Arzt (GKV) in €	Anzahl Ärzte je Apotheke	Umsatz je Apotheke mit der durchschnittlichen Zahl an Ärzten. Umsatz zu Lasten GKV in €
1999	21.590	125.213	6.251	24,03	150.211	5,80	871.224
2000	21.592	126.832	5.907	25,80	152.401	5,87	894.594
2001	21.569	128.512	5.774	28,76	166.060	5,96	989.718
2002	21.465	129.478	5.880	29,80	175.224	6,03	1.056.601
2003	21.305	130.563	5.736	32,21	184.757	6,13	1.132.560
2004	21.392	131.119	4.349	37,99	165.218	6,13	1.012.786
2005	21.476	131.802	4.485	39,86	178.772	6,14	1.097.660
2006	21.551	132.895	4.317	41,30	178.292	6,17	1.100.061
2007	21.570	134.172	4.341	42,62	185.013	6,22	1.150.781
2008	21.602	135.388	4.492	43,87	197.064	6,27	1.235.591
2009	21.548	138.709	4.515	45,51	205.478	6,44	1.323.278
2010	21.441	140.303	4.464	47,46	211.861	6,54	1.385.571
2011	21.238	141.515	4.420	47,51	209.994	6,66	1.398.560
2012	20.921	143.066	4.347	48,43	210.525	6,84	1.439.991
2013	20.662	141.968	4.487	49,28	221.119	6,87	1.519.087

*Quellen: **(a) Anzahl Apotheken**: Statistisches Bundesamt, Website Gesundheitsberichterstattung des Bundes (gbe-bund.de): Startseite>Gesundheitsversorgung>Beschäftigte und Einrichtungen der Gesundheitsversorgung>Apotheker, Apotheken, Tabelle „Anzahl und Dichte sowie Neugründungen und Schließungen von öffentlichen Apotheken", veröffentlicht im Internet unter https://www.gbe-bund.de/oowa921-install/servlet/oowa/aw92/dboowasys921.xwdevkit/xwd_init?gbe.isgbetol/xs_start_neu/&p_aid=3&p_aid=36935601&nummer=75&p_sprache=D&p_indsp=-&p_aid=74768067 (Abruf 10.04.2015). **(b) Anzahl Ärzte, Anzahl und Wert Verordnungen**: Statistisches Bundesamt, Website Gesundheitsberichterstattung des Bundes (gbe-bund.de): Startseite>Gesundheitsversorgung>Arzneimittelversorgung, Heil- und Hilfsmittel>Arzneimittel, Tabelle „Arzneimittel, die zu Lasten der gesetzlichen Krankenversicherung verordnet wurden". Die Anzahl der Ärzte in den Jahre 2004 und 2010 weichen auffällig von der zeitlichen Entwicklung ab. Die Abweichungen sind nicht zu erklären. In 2012 wurden zum ersten Mal die Zahnärzte mit ihren Verordnungen ausgewiesen. Wegen der Vergleichbarkeit mit den älteren Zahlen und den anderen Tabellen wurden die Zahnärzte (rund 61.000) für 2012 und 2013 herausgerechnet. Zahl, Wert und Umsatz ihrer Verordnungen sind nicht signifikant. Der Anteil ihres Verordnungs-Gesamtumsatzes beträgt nur 0,4 Prozent des Gesamtumsatzes aller Ärzte. Die hohe Anzahl der Zahnärzte verzerrt allerdings die Durchschnittswerte (z.B. Ärzte je Apotheke). Die Grundzahlen veröffentlicht im Internet unter https://www.gbe-bund.de/oowa921-install/servlet/oowa/aw92/WS0100/_XWD_FORMPROC?TARGET=&PAGE=_XWD_2&OPINDEX=1&HANDLER=_XWD_CUBE.SETPGS&DATACUBE=_XWD_30&D.000=3734 (Abruf 20 IV 2015)

Bei Überversorgung gibt es grundsätzlich keine Zulassung und Zahlungen durch die GKV. Bei Unterversorgung allerdings haben Kassen und Staat ein Problem: Kein Arzt kann zur Niederlassung als Kassenarzt gezwungen werden. Hierbei könnte es theoretisch dann auch zu einer Knappheit an Apotheken in dem entsprechenden Raum kommen.

Mit ihren Verordnungen bestimmen die Ärzte in der jeweiligen Raumeinheit den RX-Absatz und bei gegebenen RX-Arzneimittelverkaufspreisen (RX-AVP) uno actu den RX-Umsatz der Apotheken.[128] Das bedeutet für einen rational handelnden Apothekenunternehmer aber auch, dass er bei seiner Standortentscheidung maßgeblich das Ärzteaufkommen in der Umgebung des Standortes einbezieht. Welche durchschnittlichen Werte das mengen- und wertmäßige Volumen der Ärzte ausmacht und wie das den Apothekenumsatz bestimmt, soll an Hand der Tabelle 1 (s.o.) erläutert werden.

Im Jahre 2013 betrug der RX-Umsatz je Arzt gut 220.000 €. Auf eine Apotheke kamen durchschnittlich knapp 6,9 Ärzte aller Fachrichtungen bis auf Zahnärzte, deren Verordnungsvolumen kaum eine Rolle spielt.[129] Insgesamt konnte damit die von der

---

[128] Auf den Zusammenhang zwischen den Ärzten als bestimmende Größe bei der Arzneimittelversorgung und den Apotheken, die lediglich den Ärzten folgen, haben einige Autoren hingewiesen, wie etwa Haucap, Justus; Coenen, Michael, Herr Annika; Kuchinke, Björn A.: „Der deutsche Apothekenmarkt. Reformoptionen für eine effiziente und nachhaltige Versorgung", Studie im Auftrag der Initiative Neue Soziale Marktwirtschaft, Band 19 der Reihe „Wettbewerb und Regulierung von Märkten und Unternehmen", Baden-Baden 2012. Haucap et al. weisen darauf hin: „Ein hoher Umsatz ist insbesondere dort zu erwarten, wo es entweder eine hohe Zahl an Ärzten gibt und daher auch eine hohe Zahl an Patienten anzutreffen ist...Ein beliebtes Geschäftsmodell ist daher auch die Ansiedlung in einem Ärztehaus (bei Optimierung der Vermietung an Arztpraxen nach Art und Umfang der Arzneimittelverschreibungen)", hier zitiert nach der Kurzfassung der Studie, S.2 [Kurzfassung im Internet unter http://www.insm.de/insm/dms/insm/text/presse/pressemeldungen/2011/ (Abruf 14.05.2015)]. Auch der Sachverständigenrat zur Begutachtung der Entwicklung im Gesundheitswesen hat in seinem Jahresgutachten 2014 im Zusammenhang mit der Analyse der regionalen Unterschiede hinsichtlich Arzneimittelausgaben und -verbrauch letztlich nur die Arztseite analysiert, etwa das Verschreibungsverhalten in unterschiedlichen Regionen Der Arzt bestimmt Medikamente und verursacht Kosten. Nicht zuletzt bei ihm setzen die Kassen mit ihren Sparmaßnahmen an. Die Apotheken spielen in diesem Zusammenhang keine wesentliche Rolle. Vgl. dazu die Ausführungen des Sachverständigenrates zur Begutachtung der Entwicklung im Gesundheitswesen: „Gutachten 2014. Bedarfsgerechte Versorgung - Perspektiven für ländliche Regionen und ausgewählte Leistungsbereiche. Kapitel 2 „Arzneimittelversorgung", a.a.O., S. 72 ff. und passim.
[129] S. dazu die Erläuterungen zu der Tabelle 1

ABDA konfigurierte Durchschnittsapotheke[130] rechnerisch ein RX-Umsatzvolumen insgesamt von 1,519 Million € realisieren. Das ist mit 80,5 Prozent fast genau der RX-Anteil am Umsatz der durchschnittlichen Apotheke insgesamt (80,3 Prozent).[131]

Daten über die tatsächliche Verteilung der Ärzte im Raum sind im Versorgungsatlas des Zentralinstitutes für die Kassenärztliche Versorgung verfügbar.[132] Mit ihren Verordnungen bestimmen die Ärzte in der entsprechenden Raumeinheit den RX-Absatz und bei gegebenen RX-Arzneimittelverkaufspreisen damit auch den RX-Umsatz der Apotheken.[133]

Von besonderer Bedeutung für die ärztliche Versorgung sind Hausärzte und hausärztlich tätige Internisten. Ihre Zahl betrug 54.468 im Jahre 2013.[134] Auf eine Apotheke entfielen im

---

[130] S. ABDA (Hg.): „Die Apotheke. Zahlen Daten Fakten 2013", Berlin 2015, S. 26. Im Internet veröffentlicht unter https://www.abda.de/fileadmin/assets/ZDF/ZDF_2013/ABDA_ZDF_2013_Brosch.pdf (Abruf 23.05.2015)

[131] Ibid. S. 28

[132] Zentralinstitut der Kassenärztlichen Versorgung (Zi), Fachbereich Regionalisierte Versorgungsanalysen und Versorgungsatlas, Website, Versorgungsstrukturen>Kennziffern der vertragsärztlichen Versorgung, im Internet unter http://www.versorgungsatlas.de/themen/versorgungsstrukturen/ (Abruf 12.05.2015). Abrufbar sind Karten, Tabellen usw. über die Versorgung verschiedener Gebietskategorien (Mittelbereiche, Kreise, Bundesländer) mit Vertragsärzten und Vertragspsychotherapeuten. Die Versorgung der Mittelbereiche mit Hausärzten ist im Internet abrufbar unter http://www.versorgungsatlas.de/themen/versorgungsstrukturen/?tab=2&uid=58 (Abruf 12.05.2015).

[133] Auf den Zusammenhang zwischen den Ärzten als bestimmende Größe bei der Arzneimittelversorgung und den Apotheken, die lediglich den Ärzten folgen, haben einige Autoren hingewiesen, wie etwa Haucap, Justus; Coenen, Michael, Herr Annika; Kuchinke, Björn A.: „Der deutsche Apothekenmarkt. Reformoptionen für eine effiziente und nachhaltige Versorgung", Studie im Auftrag der Initiative Neue Soziale Marktwirtschaft, Band 19 der Reihe „Wettbewerb und Regulierung von Märkten und Unternehmen", Baden-Baden 2012. Haucap et al. weisen darauf hin: „Ein hoher Umsatz ist insbesondere dort zu erwarten, wo es entweder eine hohe Zahl an Ärzten gibt und daher auch eine hohe Zahl an Patienten anzutreffen ist...Ein beliebtes Geschäftsmodell ist daher auch die Ansiedlung in einem Ärztehaus (bei Optimierung der Vermietung an Arztpraxen nach Art und Umfang der Arzneimittelverschreibungen)", hier zitiert nach der Kurzfassung der Studie, S.2 [Kurzfassung im Internet unter http://www.insm.de/insm/dms/insm/text/presse/pressemeldungen/2011/ (Abruf 14.05.2015)]. Auch der Sachverständigenrat zur Begutachtung der Entwicklung im Gesundheitswesen hat in seinem Jahresgutachten 2014 im Zusammenhang mit der Analyse der regionalen Unterschiede hinsichtlich Arzneimittelausgaben und -verbrauch letztlich nur die Arztseite analysiert, etwa das Verschreibungsverhalten in unterschiedlichen Regionen Der Arzt bestimmt Medikamente und verursacht Kosten. Bei ihm setzen die Kassen mit ihren Sparmaßnahmen an. Die Apotheken spielen in diesem Zusammenhang keine Rolle. Sachverständigenrat zur Begutachtung der Entwicklung im Gesundheitswesen: „Gutachten 2014. Bedarfsgerechte Versorgung – Perspektiven für ländliche Regionen und ausgewählte Leistungsbereiche. Kapitel 2 „Arzneimittelversorgung". Internet unter http://www.svr-gesundheit.de/index.php?id=478 (Abruf 14.05.2015).

[134] Ermittelt aus den Zahlen der Tabelle „Arzneimittel, die zu Lasten der gesetzlichen Krankenversicherung verordnet wurden" in: Statistisches Bundesamt, Website Gesundheitsberichterstattung des Bundes (gbe-bund.de): Startseite>Gesundheitsversorgung>Arzneimittelversorgung, Heil- und Hilfsmittel>Arzneimittel, im Internet unter https://www.gbe-bund.de/oowa921-

Bundesdurchschnitt 2,7 dieser Ärzte. Im Durchschnitt verschrieben sie im Jahre 2013 RX im Werte von knapp 282.000 €. Zu diesen 2,7 Hausärzten müssen i.d.R. noch die Verschreibungen von gut 4 Fachärzten hinzukommen, wenn mindestens der Durchschnittsumsatz stimmen soll. Wenn die ABDA-Durchschnittsapotheke nur von Hausärzten leben müsste, bräuchte sie das Verordnungsvolumen von 5,4 hausärztlich tätigen Medizinern – eine generell wohl unrealistische Annahme (s. auch die Darstellungen im nächsten Abschnitt).[135] Damit deuten zunächst alle regionalen Hausarztzahlen, die unter 2,7 liegen, tendenziell auf eine überdurchschnittliche Anzahl von Apotheken in dem betrachteten Raum hin. Es gibt dann zu viele Apotheken, die sich das Verordnungsaufkommen der weniger als 2,7 Hausärzte teilen müssen und entsprechend einen unterdurchschnittlichen Umsatz erzielen. Liegt die Kennziffer Hausarzt je Apotheke höher, deutet dies bei gegebenem durchschnittlichem Verordnungsvolumen auf weniger und/oder größere Apothekenunternehmen hin.

Der in der Tabelle 1 ausgewiesene RX-Gesamtumsatz einer Apotheke wird mit mindestens 2,7 Hausärzten aber nur dann realisiert, wenn wenigstens das Verordnungsvolumen von gut 4 Fachärzten hinzukommt. Es müssen mit Haus- und Fachärzten 6,9 Ärzte auf eine Apotheke entfallen. Lebt die Apotheke nur von Fachärzten, so benötigt sie etwa 13 Fachärzte für den Durchschnittsumsatz. Dabei ist für den Umsatz zusätzlich der „Facharztmix" relevant. Je nach Fachgruppe wird unterschiedlich verordnet und der Wert der Verordnungen variiert. So entfielen im Jahre 2013 auf einen Neurologen 1.726 Verordnungen jährlich (Wert je Verordnung 205,27 €, Gesamtwert 354.296 €). Kinderärzte

---

install/servlet/oowa/aw92/WS0100/_XWD_FORMPROC?TARGET=&PAGE=_XWD_2&OPINDEX=1&HANDLER =_XWD_CUBE.SETPGS&DATACUBE=_XWD_30&D.000=3734 (Abruf 20 IV 2015)

[135] Laut Gesundheitsberichterstattung Bund gibt es 41.229 Hausärzte (8.006 Verordnungen je Arzt) und 14.257 hausärztlich tätige Internisten (8.216 Verordnungen je Arzt). Werden beide Gruppen zusammen betrachtet (55.486 Ärzte), so ergibt sich ein durchschnittlicher Umsatz von 281.821 € je Arzt (Jahr 2013).Quelle: Statistisches Bundesamt, Website Gesundheitsberichterstattung des Bundes (gbe-bund.de), Tabelle „Arzneimittel, die zu Lasten der gesetzlichen Krankenversicherung verordnet wurden" a.a.O. Eine Durchschnittsapotheke benötigte knapp 5,4 hausärztlich tätige Ärzte, um ihren RX-Umsatz zu sichern.

verordneten 7.293-Mal (Wert je Verordnung 21,48 €, Gesamtwert 156.653 €).[136]

4. Regionalbetrachtung I: Der Zusammenhang zwischen Arztzahlen, Apothekenaufkommen und Arzneimittelversorgung auf der Ebene der Bundesländer

Die Ärzte steuern und sichern mit ihren Verordnungen die Versorgung mit Arzneimitteln im Raum. Mittelbar wird damit auch die Zahl und die Verteilung der Apotheke in den jeweiligen Ärzteregionen bestimmt. Dies soll für die Ebene der Bundesländer an Hand der Tabelle 2 dargestellt werden. Diese Tabelle basiert auf den Angaben der ausführlichen Basistabelle im Anhang 2.[137] Wie im vorigen Abschnitt am Beispiel Hausärzte erläutert, gilt auch für eine Kennziffer Ärzte insgesamt je Apotheke bei gegebenem wertmäßigem Durchschnittsvolumen an Verordnungen (GKV-Arzneimittelausgaben): Wenn sie in einem Raum (hier Bundesland) niedriger liegt als der Bundesdurchschnitt, deutet dies auf eine höhere Apothekenzahl hin. Der RX-Umsatz je Apotheke fällt dann unterdurchschnittlich aus. Das ist ein Indikator, dass die Durchschnittsapotheke weniger verdient als die Vergleichsapotheke auf Bundesebene. Umgekehrt deutet eine höhere Kennziffer auf weniger Apotheken, ggf. mit einer überdurchschnittlichen Betriebsgröße, hin. Dabei wird die durchschnittliche Versorgung auf Bundesebene, wie sie mit den Zahlen der Durchschnittsapotheke des Jahres 2013 gemessen werden kann, als Maßstab zugrunde gelegt. Gleichzeitig gilt, dass der Einfluss von apothekenbestimmenden Strukturen des betrachteten Raumes tendenziell abnimmt, je größer der Raum ist (z.B. Ballungsraum mit

---

[136] Ibid., die höchste Zahl an Verordnungen hatten 2013 die Hausärzte (8.006) bei 33,03 € Verordnungswert. Bei den hausärztlich tätigen Internisten waren es 8.216 Verordnungen bei einem Verordnungswert von 40.42 €. Anästhesisten schrieben mit 593 die wenigsten Verordnungen (Wert 92,97 €). Der Durchschnitt über alle Fachgruppen (ohne die 61.000 Zahnärzte) lag bei 4.487 Verordnungen mit einem Wert je Verordnung von 49,28 €.

[137] Die Differenzen der Kennziffer Ärzte je Apotheke und der Zahl der GKV-Arzneimittelausgaben in dieser Tabelle 2 im Vergleich zu Tabelle 1 sind durch die verschiedenen für die Ermittlung der Zahlen verwendeten Statistiken, deren Erhebungsmethoden, Schätzungsverfahren oder die Rundungen zurückzuführen. Vor diesem Hintergrund liegen die Abweichungen im Bereich des Üblichen.

Tabelle 2:

Zahl Apotheken, Einwohner je Apotheke, Ärzte je Apotheke, GKV-Arzneimittelausgaben je Apotheke

Bundesland	Zahl der Apotheken 2013	Einwohner je Apotheke (dar. 87 Prozent GKV - Versicherte)	Ärzte (insgesamt) je Apotheke	GKV–Arzneimittel ausgaben je Apotheke (Schätzung)
Baden - Württemberg.	2.639	4.028 (3.504)	6,6	1.328.016
Bayern	3.304	3.815 (3.319)	6,9	1.188.202
Berlin	858	3.988 (3.469)	9,6	1.724.093
Brandenburg	576	4.252 (3.699)	6,0	1.546.182
Bremen	152	4.325 (3.763)	10,5	1.531.541
Hamburg	432	4.042 (3.516)	9,5	1.564.620
Hessen	1.546	3.910 (3.402)	6,9	1.282.554
Mecklenburg - Vorpommern	410	3.894 (3.388)	6,2	1.751.596
Niedersachsen	2.014	3.868 (3.365)	6,1	1.308.985
Nordrhein - Westfalen	4.470	3.931 (3.420)	6,5	1.347.480
Rheinland - Pfalz	1.065	3.751 (3.263)	6,0	1.259.518
Saarland	316	3.135 (2.727)	5,5	1.169.883
Sachsen	996	4.063 (3.535)	6,8	1.675.590
Sachsen - Anhalt	615	3.650 (3.175)	5,4	1.508.125
Schleswig Holstein	706	3.989 (3.470)	6,6	1.290.840
Thüringen	563	3.838 (3.339)	6,2	1.652.805
Deutschland	20.662	3.910 (3.402)	6,7	1.513.890

ERLÄUTERUNGEN: Die Zahl der Apotheken, die Kennziffer Apotheken je Einwohner und die Kennziffer Ärzte je Apotheke sind der Tabelle im Anhang 3 entnommen. S. dort auch die ausführlichen Erläuterungen im Einzelnen. Die hier zusätzlich aufgeführte Zahl der GKV-Versicherten ist mit dem Multiplikator 0,87 aus der Anzahl Einwohner je Apotheke abgeleitet. Dies entspricht dem Anteil von rund 87 Prozent der GKV-Versicherten (70,12 Million) an der Zahl der Versicherten insgesamt (80,77 Million). Quelle: GKV-Spitzenverband, Website, Zahlen und Graphiken, Übersicht „Versicherte je System in Mio.". Im Internet unter http://www.gkv-spitzenverband.de/presse/zahlen_und_grafiken/zahlen_und_grafiken.jsp#lightbox (Abruf 23.05.2015). Die GKV-Arzneimittelausgaben je Apotheke sind aus den Zahlen der GKV-Versicherten je Apotheke und den durchschnittlichen Arzneimittelausgaben je GKV-Versicherten in den Bundesländern berechnet (Quelle Arzneimittelausgaben je GKV-Versicherten s. Tabelle im Anhang).

guter, Flächenland mit wenig ausgebauter Transportinfrastruktur, Demographie, Verordnungsverhalten der Ärzte). Als weiterer Indikator für eine höhere oder niedrigere Anzahl von Apotheken in Teilräumen kann die Zahl der Einwohner je Apotheke herangezogen werden. Überdurchschnittliche Kennziffern Einwohner je Apotheke deuten auf weniger oder auch optimierte und marktgerecht operierende Betriebseinheiten hin. Eine unterdurchschnittliche Zahl an Einwohnern je Apotheke bedeutet eher, dass in dem betrachteten Raum zu viele Apotheken ihren Standort gewählt haben. Weitere Einschätzungen der Apothekenlage sind durch die Bewertung des Verhältnisses Hausärzte zu Fachärzten oder das Verordnungsverhalten der Ärzte in einer Region möglich.[138]

Für die einzelnen Bundesländer ergeben sich für das Jahr 2013 folgende Bewertungen[139]:

- Baden-Württemberg: Alle Kennziffern Ärzte je Apotheke lagen beim Bundesdurchschnitt (2,6; 4,0; 6,6). Es wurden etwas mehr Einwohner (4.082) als auf gesamtstaatlicher Ebene (3.910) von einer Apotheke versorgt. Der durchschnittliche Wert der Verordnungen betrug 47,20 (Bundesdurchschnitt 47,24). Trotzdem liegen die Arzneimittelausgaben deutlich unter dem Bundesdurchschnitt. Dies kann durch weniger Verordnungen) und/oder durch suboptimale Betriebsgrößen der Apotheken verursacht sein. Tendenz: Eher eine überdurchschnittliche Zahl an Apotheken.

---

[138] Vgl. dazu die Darstellungen des Sachverständigenrates zur Begutachtung der Entwicklung im Gesundheitswesen: „Bedarfsgerechte Versorgung – Perspektiven für ländliche Regionen und ausgewählte Leistungsbereiche", a.a.O., Kapitel 2 „Arzneimittelversorgung", Abschnitt 2.4 „Regionale Unterschiede in der Arzneimittelversorgung", S. 51 ff. Hier wird auch das Verordnungsverhalten der Ärzte in die Analyse einbezogen. So stellt der Sachverständigenrat fest, dass in den Stadtstaaten Berlin und Hamburg überdurchschnittlich teure Medikamente verschrieben werden (S. 54). Dasselbe gilt für bestimmte, vom Sachverständigenrat beispielhaft ausgewählte Arzneimittel, deren Verbrauch im Vergleich der Bundesländer erhebliche Unterschiede aufweisen (S. 58 ff.). Auffällig ist auch, dass der Durchschnittswert der ärztlichen Verordnungen sehr unterschiedlich ausfällt (s. Tabelle im Anhang 2). Tendenziell ist er höher in den neuen Bundesländern. Das kann auch mit demographischen Einflussgrößen erklärt werden (S. 56 f.).

[139] Bei den Kennziffern der Ärzte je Apotheke wird in den Klammern zuerst die Hausarztquote, an zweiter Stelle die Facharztquote und als letzte die Arztquote insgesamt genannt.

- Bayern: Die Facharztkennziffer lag mit 4,2 beim Durchschnitt, die anderen darüber (2,7; 4,2; 6,9). Es entfielen etwas weniger Einwohner (3.815) auf eine Apotheke als im Durchschnitt (3.910). Der Verordnungswert (46,71) lag um 0,53 Euro unter dem Durchschnitt. Auch hier lagen die Arzneimittelausgaben je Apotheke weit unter dem Bundesdurchschnitt. Das deutet ebenfalls auf weniger Verordnungen und/oder zu kleine Betriebsgrößen hin. Tendenz: Eher eine überdurchschnittliche Anzahl an Apotheken.
- Berlin: Hohe Arztkennziffern (2,7; 6,9; 9,6). Eine geringfügig überdurchschnittliche Einwohnerzahl je Apotheke (3988). Deutlich überdurchschnittliche Arzneimittelausgaben je Apotheke bei einem hohen Verordnungswert (59,44). Dies weist auf eine günstige Lage der durchschnittlichen Apotheke mit vermutlich überdurchschnittlicher Betriebsgröße hin. Diese Situation der Apotheken in einem großen Ballungsraum widerspricht im Übrigen der These von der Überbesetzung großer Metropolen mit zu vielen vor allem kleinen Apotheken.
- Brandenburg: Hausärzte etwas überdurchschnittlich, Fachärzte unterdurchschnittlich (2,6; 3,4; 6,0). Überdurchschnittliche Einwohnerzahl je Apotheke (4.252). Zu bedenken: Sehr unterschiedliche Besiedlungsstruktur mit Berliner Umland und entlegenen Räumen). Mit der Bedeutung der Hausärzte (vermutlich mehr Verordnungen in berlinferneren ländlichen Regionen) und leicht überdurchschnittlichem Verordnungswert ergeben sich zwar etwas überdurchschnittliche Arzneimittelausgaben je Apotheke. Wie die Analyse des Mittelbereiches Templin weiter unten zeigt, kann es in peripheren Räumen gleichwohl zu viele Apotheken geben. Darauf deuten die niedrigeren Arztkennziffern auf Landesebene hin. Es ist davon auszugehen, dass im Berliner Umland verstärkt auch Ärzte in Berlin konsultiert werden. Fazit: Im Berliner Umland eher weniger, im Bereich außerhalb der Großstadtregion eher zu viele Apotheken.
- Bremen: Die höchsten Arztkennziffern (2,9; 7,6; 10,5). Überdurchschnittliche Einwohnerzahl je Apotheke (4.325).

Arzneimittelausgaben leicht über dem Bundesdurchschnitt (47,56). Dies deutet auf eine unterdurchschnittliche Apothekenzahl und tendenziell größere und effiziente Betriebe hin.

- Hamburg: Arztkennziffern deutlich über dem Durchschnitt (2,8; 6,7; 9,5). Einwohnerkennziffer ebenfalls über dem Durchschnitt (4.042). Arzneimittelausgaben höher als auf gesamtstaatlicher Ebene bei nur geringfügig höchstem Verordnungswert (59,48). Bestätigt Ballungsraumeffekt: Tendenziell unterdurchschnittliche Apothekenzahl, größere Unternehmen, mehr Effizienz der Betriebe.

- Hessen: Arztkennziffern beim oder nur geringfügig über dem Durchschnitt (2,5; 4,4; 6,9). Einwohnerzahl genau beim gesamtstaatlichen Mittel (3.910). Trotz eines höheren Verordnungswertes (49,55) nur unterdurchschnittliche Arzneimittelausgaben. Dies deutet wie bei Baden-Württemberg oder Bayern auf weniger Verordnungen und/oder auf suboptimale Betriebsgrößen hin. Tendenz: überdurchschnittliche Apothekenzahl.

- Mecklenburg-Vorpommern: Kennziffer Hausärzte über, Kennziffer Fachärzte unter dem Durchschnitt (2,7; 3,5; 6,2). Einwohnerkennziffer in etwa beim Durchschnitt (3.894). Hoher Verordnungswert (51,56), hohe Arzneimittelausgaben je Apotheke. Tendenz: Unterdurchschnittliche Apothekenzahl und vermutlich überdurchschnittliche Betriebsgrößen. Bei geringerem Facharztbesatz vermutlich mehr profitable Hausarztverordnungen vor allem in den weiten ländlichen Teilregionen. Hier wären u.U. zusätzlich Apothekenstandorte profitabel.

- Niedersachsen: Unterdurchschnittliche Arztkennziffern (2,4; 3,7; 6,1). Einwohnerkennziffer etwas unter dem Durchschnitt (3.868). Niedriger Verordnungswert (44,82), niedrige Arzneimittelausgaben. Tendenz: Überdurchschnittliche Apothekenzahl.

- Nordrhein-Westfalen: Arztkennziffern ganz geringfügig unter dem Durchschnitt (2,4; 4,1; 6,5). Einwohnerkennziffer in etwa beim gesamtstaatlichen Mittel (3.931). Leicht höherer Verordnungswert (44,51). Arzneimittelausgaben unterdurchschnittlich. Tendenz: nicht ganz so ausgeprägt wie Bayern oder Baden-Württemberg.

- Rheinland-Pfalz: Unterdurchschnittliche Arztkennkennziffern (2,4; 3,6; 6,0). Unterdurchschnittliche Einwohnerkennziffer (3,751). Deutlich unterdurchschnittlicher Verordnungswert (43,50) und Arzneimittelausgaben. Tendenz: Eher überdurchschnittlich hohe Apothekenzahl.
- Saarland: Deutlich unterdurchschnittliche Arztkennziffern (2,0; 3,5; 5,5). Deutlich unterdurchschnittliche Einwohnerkennziffer (3.135). Ebenso unter dem gesamtstaatlichen Mittel liegender Verordnungswert (45,05). Unterdurchschnittliche Arzneimittelausgaben. Dies deutet auf eine überdurchschnittliche Apothekenzahl hin
- Sachsen: Hausarztkennziffer leicht über dem, Facharztkennziffer beim Bundesdurchschnitt (2,6; 4,2; 6,8). Überdurchschnittliche Einwohnerkennziffer (4.063). Hoher Verordnungswert (53,53) und deutlich höherer Wert an Arzneimittelausgaben. Dies deutet auf eine tendenziell höhere Verordnungszahl und/oder eine unterdurchschnittliche Apothekenzahl bzw. größere Betriebe hin.
- Sachsen-Anhalt: Unterdurchschnittliche Arztkennziffern (2,2; 3,2; 5,4). Unterdurchschnittliche Einwohnerkennziffer (3.650). Bei einem über dem Mittel liegendem Verordnungswert (49,93) liegen die Arzneimittelausgaben nur geringfügig unter dem Bundesdurchschnitt. Dies deutet auf eine hohe Verordnungszahl je Arzt bei gleichzeitig relativ hoher Apothekenzahl hin.
- Schleswig-Holstein: Mittlere Ärztekennziffern (2,5; 4,1; 6,6). Einwohnerkennziffer etwas über dem Bundesdurchschnitt (3.989). Bei unterdurchschnittlichem Verordnungswert (45,35) deutlich unterdurchschnittliche Arzneimittelausgaben. Umlandeffekt Hamburg: Dort werden Apotheken mitgenutzt. Tendenz wie bei Baden-Württemberg, Bayern, Hessen. Tendenziell überdurchschnittliche Apothekenzahl.

- Thüringen: Hausarztkennziffer wie Bund, Facharztkennziffer niedriger (2,5; 3,7; 6,2). Etwas geringere Einwohnerkennziffer (3.838). Bei höherem Verordnungswert deutlich über dem Mittel liegende Arzneimittelausgaben. Tendenz wie Sachsen-Anhalt.

Bis auf die Stadtstaaten, Mecklenburg-Vorpommern und Sachsen weisen die Zahlen in den anderen Bundesländern tendenziell auf ein niedrigeres Verordnungsaufkommen hin. Es trägt zu einem unterdurchschnittlichen Apothekenumsatz bei. Mit durchschnittlichen und unterdurchschnittlichen Zahlen der Ärzte je Apotheke und tendenziell niedrigeren Verordnungszahlen ergibt sich ein unterdurchschnittlicher Arzneimittelumsatz je Apotheke. Dies deutet wiederum auf eine überdurchschnittliche Zahl an Apotheken und/oder suboptimale Betriebsgrößen hin. Zu viele Apotheken müssen sich das knappe Verordnungsvolumen teilen. Die Arzneimittelversorgung ist, wie die Ärztezahlen und die sich in den Arzneimittelausgaben niederschlagenden Verordnungsvolumina zeigen, in allen Bundesländern zwar gewährleistet. Die Distribution wird aber von einer hohen Zahl an Apotheken geleistet, von denen ein erheblicher Anteil einen niedrigeren als den Durchschnittsumsatz erzielt.[140] Eine Vielzahl dieser Unternehmen dürfte eine zu geringe Betriebsgröße und/oder Distributionseffizienz aufweisen. Auf dieses Problem macht auch der Sachverständigenrat zur Begutachtung der Entwicklung im Gesundheitswesen aufmerksam. Er weist darauf hin, „…dass Deutschland auch im europäischen Vergleich [eine] weit überproportionale Bevölkerungsdichte besitzt, die bei einer gegebenen Apothekendichte eine nachhaltige Sicherung der Versorgung grundsätzlich erleichtert. Diese vergleichsweise hohe Apothekendichte geht einher mit einem sehr begrenzten Preiswettbewerb, der sich auf nicht verschreibungspflichtige Medikamente … beschränkt."[141] Dies bestätigt, dass die Frage der

---

[140] Dies korrespondiert mit der ABDA-Aussage, dass 60 Prozent der Apotheken den Umsatz der Durchschnittsapotheke nicht erreichen. S: ABDA (Hg.) „Die Apotheke. Zahlen Daten Fakten 2013", a.a.O., S. 24 und ABDA (Hg.): „Die Apotheke. Zahlen. Daten. Fakten 2015", a.a.O., S. 30. S. dazu auch die Darstellung der Mittelbereiche im folgenden Abschnitt.
[141] Sachverständigenrat zur Begutachtung der Entwicklung im Gesundheitswesen, Gutachten 2014, a.a.O., S. 118.

Notwendigkeit einer Vielzahl von Apotheken im ländlichen Raum eher zweitrangig ist. Das Beispiel Mecklenburg-Vorpommern zeigt, dass auch in einem Flächenland mit geringer Besiedlungsdichte, einer etwas überdurchschnittlichen Kennziffer Hausärzte je Apotheke, einer niedrigeren Facharztkennziffer die flächendeckende Arzneimittelversorgung gewährleistet bleibt. Dies steht im Zusammenhang mit mehr Verordnungen je Arzt. Der damit verbundene relativ hohe Arzneimittelumsatz je Apotheke trägt tendenziell zur Optimierung der Zahl, der Größe und der Effizienz von Apotheken bei. Bei einem zusätzlichen Bedarf an neuen Apotheken würden im Übrigen flexible RX-Preise für die Umsiedlung von Marginalapotheken aus den vielen überversorgten Gebieten in Lücken stoßen. Diese Frage wird noch ausführlich in dem Beitrag „Die Frage der Störung der optimalen Allokation der Apotheken im Raum durch das System der festen Preis für verschreibungspflichtige Arzneimittel in wirtschaftswissenschaftlichen Beiträgen" in dieser Publikation behandelt.

5. Regionalbetrachtung II: Der Zusammenhang zwischen Arztzahlen, Apothekenaufkommen und Arzneimittelversorgung auf der Ebene ausgewählter Mittelbereiche als Planungsräume für den Hausarztbedarf

Für die Ebene der Bundesländer konnte generell die Gewährleistung der flächendeckenden Versorgung durch die Verteilung der Ärzte, insbesondere der Hausärzte, das Verschreibungsverhalten und das am therapeutisch ausgerichteten Bedarf orientierte Verordnungsvolumen festgestellt werden. Dabei gibt es Differenzierungen. Gleichzeitig ergab sich für die Distributions- und Beratungsfunktion der Apotheken, dass es insgesamt eine tendenziell zu hohe Zahl an Apotheken gibt. Auch innerhalb der Bundesländer sind zum Teil erhebliche Unterschiede bei der Apothekenversorgung zu beobachten.[142] Mit einer

---

[142] Horvath, Daniel. „Die regulierte Apothekenversorgung in Deutschland. Eine Analyse der Regulierungsursachen und des Versorgungsgrades auf Basis räumlicher Wettbewerbsmodelle", (Wirtschaftswissenschaftliche Dissertation

Betrachtung der Raumordnungseinheit des Mittelbereiches (MB) soll beispielhaft der Zusammenhang zwischen den Arztzahlen, dem wertmäßigen Verordnungsvolumen und der Anzahl der Apotheken analysiert werden.

Eine Betrachtung der Verteilung der Hausärzte auf die Mittelbereiche zeigt, dass im Jahre 2013 bundesdurchschnittlich 63,9 Hausärzte auf 100.000 Einwohner entfielen. Bei einer Planzahl von 59,8 Hausärzten nach Bedarfsplanungs-Richtlinie im Durchschnitt keine schlechte Versorgung.[143] Am besten traf es im Jahre 2013 den MB Pocking/Ruhstorf a. d. Rott in Bayern (bei Passau) mit 115,5 Hausärzten je 100.000 Einwohner und den MB Oberstdorf (Allgäu) mit 112,7 Hausärzten je 100.000 Einwohner. Die schlechteste Versorgung wies der MB Bergkamen in Westfalen auf (27,7 Hausärzte je 100.000 Einwohner). Eine mittlere Position besetzt der MB Paderborn in Westfalen (63,9).

Die Gesamtzahl an Ärzten (Haus- und Fachärzte) in den Mittelbereichen sind in den Angaben des Versorgungsatlas nicht ausgewiesen, da für die Fachärzte die übergeordneten Kreise die Planungsebene sind (s.o.: 5 Kreistypen). Im Übrigen gibt es oberhalb dieser beiden Planungsebenen die sehr großflächigen Raumordnungsregionen für die der Bedarf an hochspezialisierten Fachärzten geregelt wird. Diese sind jedoch für die Betrachtung der Arzneimittelversorgung nicht relevant. Sie sollen hier nicht weiter betrachtet werden, da ihr Verordnungsvolumen für die kleinräumige Betrachtung sehr gering ausfällt.[144]
Zu berücksichtigen für die Apotheken der Mittelbereiche sind hingegen die allgemeinen Fachärzte auf der Kreisebene nach § 12 Bedarfsplanungs-Richtlinie. Daher wurde für die Betrachtung der

---

an der Universität Duisburg-Essen), Essen 2010. Im Internet veröffentlicht unter http://d-nb.info/1004434383/34 (Abruf 11.04.2015). S.36 ff, insbesondere S. 40.
[143] Zahlen des Zentralinstituts der Kassenärztlichen Versorgung, Website, Kennziffern der vertragsärztlichen Versorgung, a.a.O. Zu der Plangröße s.o. Abschnitt (3) und Fußnote 23.
[144] Der Anteil des Umsatzes der Ärzte, die nicht zu den Hausärzten und den allgemeinen Fachärzten (Planungsebene Kreise) gehören, beträgt 0,02 Prozent. Zahl berechnet aus der Tabelle „Arzneimittel, die zu Lasten der gesetzlichen Krankenversicherung verordnet wurden". Quelle: Statistisches Bundesamt, Website Gesundheitsberichterstattung des Bundes (gbe-bund.de), Tabelle „Arzneimittel, die zu Lasten der gesetzlichen Krankenversicherung verordnet wurden" a.a.O.

Ärzte-Apotheken-Problematik die Zahl der Fachärzte als deren Leistungsäquivalent für die Einwohner der Mittelbereiche von der Kreisebene auf die ausgewählten Mittelbereiche heruntergebrochen bzw. geschätzt. Das bedeutet z.B. bei 2,9 für den Mittelbereich ausgewiesenen Fachärzten dass die Einwohner des Mittelbereiches rechnerisch die Leistungen von 2,9 Fachärzten im Kreis in Anspruch nehmen. Gleichzeitig wird angenommen, dass sie die verordneten Arzneimittel in einer Apotheke im eigenen Mittelbereich kaufen. Das Verfahren ist in den Erläuterungen zur Basistabelle in Anhang 4 dargestellt. Die Tabelle 3 ist aus dieser Basistabelle zusammengestellt.

Die Mittelbereiche repräsentieren alle Kreistypen in der Kategorisierung des BBSR: Kreistypen nach BBSR sind Typ 1 „Zentrum" (Kernstadt), Typ 2 „Ergänzungsgebiet zum Zentrum" (Kern), Typ 3 „Engerer Verflechtungsraum" (verdichtetes Umland), Typ 4 „Weiterer Verflechtungsraum" (Ländliches Umland) und Typ 5 „Gemeindeverbände außerhalb der Großstadtregionen" (Ländlicher Raum).[145] Obgleich nur 11 von insgesamt gut 880 Mittelbereichen betrachtet werden, sind alle drei für die Arzneimittelversorgung denkbaren Kategorien vertreten: (1) eine durchschnittliche Zahl an Ärzten insgesamt je Apotheke, (2) eine unterdurchschnittliche Zahl an Ärzten insgesamt je Apotheke und (3) eine überdurchschnittliche Zahl an Ärzten insgesamt je Apotheke. Dabei bezieht sich die Durchschnittsbetrachtung auf die Bundesebene (Vergleich mit der Durchschnittsapotheke).

---

[145] Die Begriffe in Klammern werden in dem vom Zentralinstitut für die kassenärztliche Versorgung in der Bunderepublik Deutschland herausgegebenen Versorgungsatlas verwendet. S. dazu: Zentralinstitut für die kassenärztliche Versorgung, Versorgungsatlas, Website „versorgungsatlas.de": Versorgungsstrukturen>Kennziffern der vertragsärztlichen Versorgung, a.a.O., Tabelle „Vertragsärzte und Psychotherapeuten je 100.000 Einwohner nach Bedarfsplanungsfachgebieten und Bedarfsplanungsregionen im Jahre 2013", (Tabelle veröffentlicht am 19.03.2015)

Tabelle 3:

Ausgewählte Mittelbereiche. Anzahl Einwohner je Mittelbereich (Abgrenzung BBSR). Anzahl Apotheken je Mittelbereich. Anzahl Hausärzte je Mittelbereich. Anzahl allgemeine Fachärzte nach Bedarfsplanungs-Richtlinie, anteilig je Mittelbereich (Schätzung). Ärzte je Apotheke. Durchschnittsumsätze der verschriebenen rezeptpflichtigen Arzneimittel je Apotheke (Schätzung nach Hausärzten und allgemeinen Fachärzten). Jahr: 2013

Mittelbereich (MB) Typ Groß-Stadtregion (Kreistype)	Einwohner MB	Apotheken MB	Hausärzte MB	Fachärzte anteilig MB	Hausarzt/ Apotheke MB	Facharzt/ Apotheke anteilig MB	Ärzte insgesamt je Apotheke MB	Durchschnittlicher RX-Umsatz je Apotheke in Tausend € (Schätzung)
Rendsburg SH (5)	84.980	28	58,1	59,6	2,1	2,1	4,2	799
Hannover NDS (1;2)	635.002	190	415,3	549,0	2,2	2,9	5,1	903
Bergkamen NRW (3)	48.209	9	27,7	31,9	3,1	3,5	6,6	1.098
Paderborn NRW (1;2;3)	232.183	60	148,4	136,9	2,5	2,3	4,8	834
Templin BB (5)	27.010	11	17,2	14,4	1,6	1,3	2,9	607
Bad Arolsen H (4)	27.392	10	21,2	16,0	2,1	1,6	3,7	812
Dresden SN (1;2)	571.244	102	357,0	680,3	3,5	6,7	10,2	1.986
Langenfeld NRW (2)	56.982	14	35,2	38,6	2,5	2,8	5,3	1.025
Ingelheim RPL (3)	40.887	10	28,5	22,4	2,9	2,2	5,1	984
Horb BW (4)	33.675	5	15,3	17,3	3,1	3,5	6,6	1.273
Oberstdorf BY (5)	16.800	5	19,0	7,1	3,8	1,4	5,2	1.217

QUELLEN UND ERLÄUTERUNGEN: S. Quellen und Erläuterungen zur Basistabelle im Anhang 3, insbesondere die Umrechnung der Fachärzte auf MB und die Schätzung der RX-Apothekenumsätze

(1) Mittelbereich mit einer durchschnittlichen Zahl an Ärzten insgesamt je Apotheke:

Der MB Bergkamen (NRW) und der MB Horb (BW) weisen eine dem Bundesdurchschnitt in etwa entsprechende Anzahl an Ärzten insgesamt je Apotheke auf (6,6) – bei deutlich höherer Hausarzt- und niedrigerer Facharztzahl. Damit ist die ärztliche Versorgung gemäß der Bedarfs-Planungsrichtlinie zumindest im

Hinblick auf Hausärzte sichergestellt und uno actu auch die entsprechende Arzneimittelversorgung. Wie sieht es nun mit der Distributionsebene der Apotheken aus? In ersterem MB wurden 9 Apotheken im Gebiet des MB (nur die Stadt Bergkamen) gezählt. Im MB Horb (3 Kommunen) waren es 5 Apotheken. Mit den Ärzten, insbesondere den Hausärzten, erzielten die Apotheken im MB Bergkamen rechnerisch durchschnittlich etwa 1 Million € RX-Umsatz. Im MB Horb waren es auf der Basis der statistischen Werte knapp 1,3 Million €. Während Bergkamen beim RX-Umsatz nicht nur um 0,5 Million unter dem Bundesdurchschnitt blieb, lag dieser MB auch weit unter dem Landesmittel von NRW.[146] Im MB Horb lag die Durchschnittsapotheke zwar auch um 0,2 Million € unter dem gesamtstaatlichen Mittel. Sie nahm aber in etwa den Landesdurchschnitt von BW ein. Die Umsätze beider MB deuten tendenziell auf suboptimale Betriebsgrößen und eine zu hohe Zahl an Apotheken hin. Dieses Ergebnis ist umso bemerkenswerter, als im MB Bergkamen auf eine Apotheke 5357 Einwohner entfielen. Dies zeigt, dass in erster Linie die Anzahl der Ärzte für die Versorgung und die Zahl der Apotheken relevant ist, weniger die auf eine Apotheke unmittelbar entfallende Einwohnerzahl. Gleiches gilt für Horb (6735 Einwohner je Apotheke).

(2) Mittelbereiche mit einer unterdurchschnittlichen Zahl an Ärzten insgesamt je Apotheke:

Von den 11 ausgewählten MB traf dies auf 8 MB zu. Bei sehr unterschiedlicher Einwohnerzahl je MB lag die Kennziffer zwischen 2,9 (MB Templin, BB) und 5,2 (MB Oberstdorf, BY). Im Jahre 2013 hatte der MB Templin laut Zentralinstitut der Kassenärztlichen Bundesvereinigung 17,2 Hausärzte und umgerechnet bzw. geschätzt 14,4 Fachärzte (bzw. das durchschnittliche Leistungsäquivalent von 14,4 Fachärzten). In den 8 Kommunen des MB gibt es laut Verzeichnissen 11 Apotheken. Rein rechnerisch und unter Berücksichtigung der

---

[146] Die Landesdurchschnitte ergeben sich aus Tabelle 2, Spalte „GKV – Arzneimittelausgaben je Apotheke"

höheren Verordnungswerte in Brandenburg ergab sich für die Durchschnittsapotheke in Templin ein Umsatz von etwa 0,6 Million €. Dies ist im Bundes- und Landesvergleich ein sehr niedriger Wert, der auf eine zu hohe Apothekenzahl hindeutet. Im MB Oberstdorf (Allgäu) in Bayern mit 6 Kommunen lag die Kennziffer Ärzte insgesamt je Apotheke bei 5,2 bei einer hohen Hausarztquote von 3,8. Es konnten in Verzeichnissen 5 Apotheken gezählt werden bei 19 Hausärzten und 7,1 Fachärzten bzw. Facharztäquivalenten. Damit ergab sich rechnerisch ein durchschnittlicher Umsatz von 1,2 Million €, der zwar unter dem Bundesdurchschnitt aber in der Größenordnung des Landesdurchschnittes Bayern lag. Dies zeigt eine, wenngleich geringfügig überdurchschnittliche Apothekenversorgung. Die weiteren 6 MB können aus der Tabelle 3 ersehen werden. Auch für sie trifft das Fazit „Apothekenüberversorgung" zu.

(3) Mittelbereich mit einer überdurchschnittlichen Zahl an Ärzten insgesamt je Apotheke:

Der MB Dresden mit der Großstadt Dresden und 5 weiteren Kommunen ist auf Grund des Ballungszentrums Dresden durch eine hohe Hausarztkennziffer von 3,5 und eine überdurchschnittliche Facharztkennziffer von 6,7 gekennzeichnet. Bei einer Zahl von rund 100 Apotheken laut Verzeichnissen ergibt sich rechnerisch ein RX-Apothekenumsatz von knapp 2 Million €, der weit über dem Bundesdurchschnitt und immer noch deutlich über dem Landesdurchschnitt liegt. Mit 5.600 Einwohnern je Apotheke ist der MB Dresden ebenfalls ein Beispiel, wie eine Apotheke eine im Vergleich zum deutschen Mittelwert hohe Zahl an Einwohnern versorgen kann. Zwar kann es konkret in dem MB wenige große und viele kleine Apotheken geben, was aus der Durchschnittsbetrachtung nicht hervorgeht. Tendenziell dürfte es sich aber um größere und leistungsfähige Apotheken zu handeln.

6. Ergebnis: Die Steuerung und Sicherung der flächendeckenden Arzneimittelversorgung als ärztliche Funktion – Die Distribution als Folgefunktion der Apotheken

Die Zahlen und die Betrachtung der Ärztekennziffern in den Abschnitten (3) und (4) bestätigen Erkenntnisse aus der Literatur, dass für die Standortentscheidung und die wirtschaftliche Existenz einer Apotheke die Zahl der Ärzte, ihr Verordnungsverhalten und die Verteilung der Ärzte im Raum der wesentliche Faktor ist.[147] Da auf Grund des Gesundheitssystems, der gesundheitspolitischen Aktivitäten und der Planungssysteme der Kassen- und Arztorganisationen die Entscheidungsträger um eine flächendeckende medizinisch-ärztliche Versorgung bemüht sind, wird es mit dem den Ärzten folgenden Apotheken grundsätzlich immer eine flächendeckende Arzneimittelversorgung geben (s. das Extrembeispiel MB Templin). Im Ergebnis zeigt sich, dass die Zahl der Ärzte und vor allem deren Verordnungsvolumen und nicht primär die Zahl der Apotheken eine flächendeckende Versorgung mit Arzneimitteln sichert.

Aus den Ergebnissen der Regionalanalyse ergibt sich auch, dass wertmäßigen ärztlichen Verordnungsvolumina mehr Apotheken erhalten, als für die Distribution benötigt werden. Die Festpreise sichern die Existenz von zu vielen suboptimalen Betriebseinheiten, deren Markteffizienz begrenzt ist. Weniger größere Apotheken

---

[147] Monopolkommission: „Hauptgutachten XVIII. Mehr Wettbewerb, wenig Ausnahmen" vom 14. Juli 2010. Als Bundestagsdrucksache herausgegeben am 22.07.2010: Deutscher Bundestag, 17. Wahlperiode, Achtzehntes Hauptgutachten der Monopolkommission 2008/2009, Drucksache 17/2600, 22.07.2010. Einleitung, Kapitel 2.1 „Markt- und Wettbewerbsentwicklungen auf dem Markt für Arzneimittel. S. 56 Ziffer 34. Im Internet abrufbar unter http://www.monopolkommission.de/images/PDF/HG/HG18/1702600.pdf (Abruf 23.05.2015). S. auch Coenen, Michael; Haucap, Justus; Herr Annika, Kuchinke, Björn A.: „Wettbewerbspotenziale im deutschen Apothekenmarkt", in: Ordnungspolitische Perspektiven (Düsseldorfer Institut für Wettbewerbsökonomie), Heft Nr. 17, Juli 2011. S. 53 ff. Im Internet: http://www.dice.hhu.de/fileadmin/redaktion/Fakultaeten/Wirtschaftswissenschaftliche_Fakultaet/DICE/Ordnungspolitische_Perspektiven/017_OP_Coenen_Haucap_Herr_Kuchinke.pdf.. Die Verteilung der Ärzte im Raum im Rahmen der kassenärztlichen Versorgung wird von Versorgungswissenschaftlern zunehmend kritisch bewertet. Dabei spielt nicht zuletzt ein von jungen Ärzten wahrgenommener Antagonismus zwischen attraktiven urbanen Ballungsräumen und weniger anziehenden ländlichen Räumen oder unattraktiven altindustriellen Verdichtungsgebieten eine Rolle. Vgl. dazu Sachverständigenrat zur Begutachtung der Entwicklung im Gesundheitswesen, Gutachten 2014, a.a.O., Kapitel 6 „Ambulante vertragsärztliche Versorgung", S. 349 ff.

könnten den Markt effektiver bedienen, in großflächigen ländlichen Räumen auch mit modernen Logistiksystemen. Aus einem Preiswettbewerb würden größere und leistungsfähige Apothekenunternehmen hervorgehen, die auch für den Endverbraucher durch niedrigere Zuzahlungen einen Zusatznutzen bedeuten würden. Insgesamt würden volkswirtschaftliche Kosten eingespart.

Durch eine flächendeckende ambulante ärztliche Versorgung ist automatisch auch die flächendeckende Verteilung der Arzneimittel durch die gut 20.000 Apotheken mehr als nur gewährleistet. Dies ist für das gesamte Gebiet Deutschlands nicht zuletzt durch die Neumeier-Studie des Thünen-Institutes über die Erreichbarkeit öffentlicher Apotheken nachgewiesen. Im Durchschnitt ist eine Apotheke innerhalb von vier Minuten PKW-Fahrtzeit zu erreichen. Nur für 0,16 Prozent der Einwohner Deutschlands ist die nächste Apotheke mehr als 15 km vom Wohnort entfernt. Zu Fuß erreichen immerhin noch fast 60 Prozent der Bevölkerung eine Apotheke innerhalb von 15 Minuten.[148] Apotheken, insbesondere im ländlichen Raum, haben für größere Versorgungswege wie auch für Patienten mit Mobilitätseinschränkungen Botendienste eingerichtet. Die 250.000 täglichen Lieferungen verlaufen weitgehend ohne Probleme.[149] Versandapotheken können erheblich zu der Versorgungssicherheit beitragen. Sie werden allerdings als Versorger von RX und damit als Instrument zur Erhöhung der

---

[148] S. Neumeier, Stefan: : „Modellierung der Erreichbarkeit öffentlicher Apotheken", Thünen Working Paper 14, Thünen-Institut für ländliche Räume, Braunschweig 2013, S. 44. Das Thünen Institut für ländliche Räume ist ein Bundesforschungsinstitut für Ländliche Räume, Wald und Fischerei und gehört zum Geschäftsbereich des Bundesministeriums für Ernährung, Landwirtschaft und Verbraucherschutz. Die Studie ist im Internet verfügbar unter http://literatur.ti.bund.de/digbib_extern/dn052778.pdf (Abruf 22.05.2015)

[149] Die Rechtsgrundlage für Botendienste und Versand von Arzneimitteln sind § 11 a Gesetz über das Apothekenwesen (Apothekengesetz – ApoG) sowie § 17 Absätze 2, 2a und 2b Verordnung über den Betrieb von Apotheken (Apothekenbetriebsordnung – ApBetrO). Die ABDA nennt für das Jahr 2013 die Zahl von 250.000 Botendiensten pro Tag, s. dazu: ABDA (Hg.) „Die Apotheke. Zahlen Daten Fakten 2013, a.a.O., S. 3. Für das Jahr 2014 wird dieselbe Zahl angegeben: ABDA (Hg.) „Die Apotheke. Zahlen. Daten. Fakten. 2015), a.a.O., S. 5. Zur Bedeutung der Botendienste in der Praxis vgl. z.B. des Beitrag „Apotheken-Service: Zustellung fast immer kostenlos", in: Pharmazeutische Zeitung online vom 03.03.2013 unter http://www.pharmazeutische-zeitung.de/index.php?id=45877 (Abruf 28.03.2015). Botendienste verbunden mit modernen Kommunikationstechnologien (z.B. Apps) werden insbesondere in ländlichen Räumen immer größere Bedeutung erlangen. Eine ähnliche Funktion insbesondere zur Betreuung chronisch Kranker könnten Versandapotheken und Apothekenbusse übernehmen. Es ist davon auszugehen, dass dies die Zukunft etwa des Mittelbereiches Templin bestimmen wird, sollte die Zahl der Ärzte noch weiter zurückgehen.

Versorgungssicherheit bisher nur marginal genutzt. Der RX-Marktanteil des Versandhandels am RX-Umsatz insgesamt betrug im Jahre 2014 in Deutschland 0,69 Prozent.[150]

Die Arbeit von Neumeier zeigt, allerdings ohne die Ärzte und die Arztdichte umfassend in die Analyse einzubeziehen, auch auf, dass in Verdichtungsgebieten, insbesondere in Ballungsgebieten die Standortdichte der Apotheken hoch ist (nicht die Zahl). In peripheren Räumen nimmt sie ab.[151] Dies korrespondiert mit der Verdichtung der Arztpraxen in den einzelnen Regionen. In Ballungsräumen mit einer hohen Besiedelungsdichte dürfte die Konzentration von Ärzten höher als auf dem Land sein. Dies führt in der Folge tendenziell zu einer höheren Verdichtung der Apothekenzahl. Gleichwohl gibt es aber auch, wie oben beispielhaft aufgezeigt, in ländlichen Räumen Bereiche mit einer – gemessen an der Zahl der Hausärzte – überdurchschnittlichen Anzahl an Apotheken (Beispiele MB Templin, MB Rendsburg, MB Oberstdorf).

Besonders relevant für die Bewertung der Allokation von Apotheken im Raum ist eine wichtige Detailuntersuchung von Neumeier: Er hat bei seinen Analysen unterschiedlich strukturierte Räume (periphere Regionen, Ballungsgebiete usw.) untersucht, in denen ein unterdurchschnittliches Kundenaufkommen festgestellt werden kann (gemessen am Bundesdurchschnitt). Dabei spielte auch die Möglichkeit von Betriebsschließungen eine Rolle. Mit einem Indikator hat er das suboptimale Kundenpotenzial im Hinblick auf die Erreichbarkeit der Apotheken geschätzt. Dabei ist

---

[150] S. IMS Health (Hg.): „IMS Marktbericht. Entwicklung des deutschen Pharmamarktes im Dezember und im Jahr 2014", Frankfurt am Main, o.J., Slide 15 und 19. Veröffentlicht im Internet unter http://de.slideshare.net/IMSHealthDE/ims-health-pharma-marktbericht-jahreszusammenfassung-2014 (Abruf 15.05.2015). Vgl. dazu auch die folgende Publikation in der die Zahl von 0,7 Prozent genannt wird: Recker, Clemens und Arentz, Oliver: „Apothekenmarkt in Deutschland – hohe Regulierungsanforderungen als Gefahr für die Versorgungssicherheit? Otto-Wolff-Discussion Paper 06/2014, S. 8. Im Internet veröffentlicht unter http://www.iwp.uni-koeln.de/fileadmin/contents/dateiliste_iwp-website/publikationen/DP/owiwo/OWIWO_DP_06_2014.pdf (Abruf 28.03.2015). Die Otto-Wolff-Discussion Paper werden herausgegeben vom Otto-Wolff-Institut für Wirtschaftsordnung in Kooperation mit dem Institut für Wirtschaftspolitik an der Universität zu Köln. Die letztverfügbare Zahl, die IMS Health in ihrem Marktbericht für den Januar 2015 lautet 6,4 Prozent. Der Anteil scheint eher zu sinken als zu steigen. IMS Health (Hg.): „IMS Marktbericht. Entwicklung des deutschen Pharmamarktes im Januar 2015", Frankfurt am Main, o.J., Slide 12 und 14.

[151] Neumeier, Stefan: „Modellierung der Erreichbarkeit öffentlicher Apotheken…", a.a.O., S.21 f.

er zu dem Ergebnis gekommen, dass 44 Prozent der deutschen Apotheken von suboptimalen potenziellen Kundenwerten betroffen sind (rund 9000 Apotheken). Aufschlussreich hierbei ist, dass es im Gegensatz zu bisherigen Vermutungen keine Unterschiede zwischen urbanen und ländlichen Regionen gibt. Er hat sogar höhere Betroffenheitswerte in städtischen Räumen festgestellt.[152] Dieses Ergebnis korrespondiert mit den oben in Abschnitt (3) und (4) festgestellten Ergebnissen für die Stadtstaaten und den MB Dresden. Die Ärztezahlen je Apotheke liegen weit über dem Bundesdurchschnitt, die Einwohnerzahlen je Apotheke leicht oder signifikant darüber. Dies ist ein Indikator, dass in den vier Agglomerationen schon ein Optimierungsprozess bei der Apothekenallokation stattfindet. Im Ballungsraum Hannover (Mittelbereich) dagegen ist dies offenbar noch nicht der Fall.

Wie einige mehr ländlich strukturierte Bundesländer und mehrere Mittelbereiche zeigen, gibt es auch in peripheren Gebieten Überbesetzungen mit suboptimalen Apotheken, die ihren unterdurchschnittlichen Umsatz bei gegebenen RX-Festpreisen aus den Verordnungen der Ärzte in dem betreffenden Raum erwirtschaften. Zu viele Apotheken müssen sich das von den Ärzten vorgegebene, im Zweifel zu knappe Verordnungsvolumen teilen. Dass sie dennoch so gerade überleben, ist das Resultat fester RX-Preise, die bei den gegebenen ärztlichen Arzneimittelumsätzen zwar zu geringen Apothekenumsätzen führen. Sie lassen allerdings gerade noch einen mehr oder weniger auskömmlichen Betriebsgewinn für den Apotheker zu.

In diesem Zusammenhang ist die Bewertung des Apothekenmarktes durch den Direktor Gesundheitsmärkte bei der Deutschen Apotheker- und Ärztebank, Georg Heßbrügge, aufschlussreich. Zunächst weist er darauf hin, dass 20 bis 25 Prozent der Apotheken einen wirtschaftlich zu geringen Überschuss. Das wären nach seiner Rechnung bis zu gut 4.000 Betriebseinheiten. Das bestätigt das

---

[152] Ibid., S. 50 ff. Interessant ist seine Karte auf S. 52. Sie zeigt wie viele Ballungsräume von diesem Phänomen betroffen sind wie z.B. das weiter oben betrachtete Hamburg.

Ergebnis der vorliegenden Arbeit. Heßbrügge geht im Hinblick auf die weiter Entwicklung der Apothekenzahlen davon aus, dass die Zahl der Betriebsstätten weiter zurückgeht und unter 20.000 fällt. Für die Periode bis zum Jahre 2020 erwartet er Apothekenschließungen im Umfang 1000 bis 1500 Betriebseinheiten. Unter den 19.000 verbleibenden Betrieben wird die Zahl der Filialen deutlich steigen, von derzeit 4.000 auf 5.000 (+ 25 Prozent). So prognostiziert er für 2020 etwa 14.000 selbständige Apothekenunternehmen.[153] Geht man von den 1000 bis 1500 Schließungen aus, würden knapp 4.270 bis 4.400 Einwohner auf eine Apotheke kommen. Dies sind Werte, die bereits jetzt in Bremen bei einer entsprechenden hohen Ärztezahl und offenbar starken Apotheken erreicht werden. Heßbrügge weist auch darauf hin, dass bei der von ihm erwarteten Entwicklung nicht von einer Gefährdung der Versorgung geredet werden könne. Schließlich sieht er im Hinblick auf die Schließung von Apotheken keine Unterschiede zwischen Stadt und Land. Hauptsächlicher Grund für Schließungen läge vor allem in Standorten, die nicht rentabel sind.[154]

7. Zusammenfassung und Fazit

Die dargestellten Erkenntnisse und Einschätzungen können wie folgt zusammengefasst werden:

- Die Ärzte bestimmen auf der Basis ihrer Diagnosen und ihrer therapeutischen Entscheidungen die Nachfrage nach verschreibungspflichtigen Arzneimitteln. Damit geben sie gleichzeitig der Angebotsseite die Menge an Medikamenten vor, die sie bereitstellen müssen. Weder Patient noch Apotheker dürfen und können die Verschreibung des Arztes eigenmächtig ändern. Damit bestimmt die medizinisch determinierte

---

[153] So Georg Heßbrügge, in dem Interview mit der Fachzeitung apotheke adhoc: „Jede fünfte Apotheke macht keinen Spaß" in: apotheke adhoc, Online-Ausgabe vom 5. Februar 2015, a.a.O., dritte Frage/Antwort.
[154] Ibid., vierte und zweite Frage/Antwort

Nachfrage gleichzeitig das Angebot, d.h. die Versorgung mit Arzneimitteln. Die Apotheke hat keine andere Option, als der Weisung des Arztes Folge zu leisten.

- Wo ein ausreichender Wert an Verordnungen zusammenkommt, wird eine Apotheke nach den Gesetzen des Marktes die Distribution sicherstellen. Es gibt keine Gefährdung der flächendeckenden Arzneimittelversorgung, solange die ärztliche Versorgung und ein hinreichendes Verordnungsvolumen in allen Teilräumen gesichert sind.
- Feste Arzneimittelpreise spielen keine Rolle bei der Sicherstellung der Versorgung mit verschreibungspflichtigen Medikamenten. Bei einem Preis oberhalb der Selbstkosten einschließlich eines angemessenen Unternehmerlohnes wird es einen Markteintritt von Apotheken geben. Unabhängig vom Preissystem wird die Arzneimittelversorgung von den flächendeckend praktizierenden und verordnenden Ärzten auf Grund ihrer Diagnosen und Therapien gesteuert und gesichert.
- Die Apotheken folgen den Ärzten. Bei einem ausreichenden Verordnungsumsatz durch die Ärzte einer Region werden auch bei flexiblen Preisen Apotheken, vom Markt gesteuert, ihre Distributionsfunktion wahrnehmen. Je größer, finanzkräftiger und leistungsfähiger eine Apotheke ist, desto effizienter wird sie die Distribution auch in der Fläche leisten und ihre pharmazeutische Beratungsfunktion wahrnehmen. Dazu gehören insbesondere auch Botendienste und eine moderne Logistikorganisation. Mit ihnen können insbesondere in weiten ländlichen Räumen Lieferungen des täglichen Geschäftes aber auch solche im Rahmen von Nacht- und Notdiensten durchgeführt werden. Allerdings wird hierzu die pharmazeutische und betriebswirtschaftliche Optimierung des Unternehmens auf einem nachhaltig hohen Niveau erforderlich sein.
- Festpreise für verschreibungspflichtige Arzneimittel haben keine Bedeutung für die Gewährleistung einer flächendeckenden Versorgung. Im Gegenteil: Sie behindern durch das Erhalten kleiner suboptimaler Apothekenbetriebe sogar eine moderne

effiziente und zukunftsorientierte Versorgung. Die Distribution der von den Ärzten determinierten Arzneimittel kann, wie historische Erfahrungen und andere europäische Staaten (z.B. Skandinavien) zeigen, auch und effektiver von wenigen leistungsfähigen Apotheken geleistet werden.

- Das gilt in der Zukunft umso mehr, als moderne Informations-, Kommunikations- und Logistikverfahren ohnehin die traditionellen Dispensierungsmethoden ablösen werden. Nur leistungsfähige größere Apothekenunternehmen werden eine Rolle spielen in einem mit weiteren Gesundheitsdienstleistern wie Ärzten integrierten Gesundheitsmanagement.
- Zusammenfassend ist festzuhalten, dass Festpreise unwirtschaftliche und wenig leistungsfähige Apothekenbetriebe erhalten. Damit
- Verhindern Festpreise die optimale Allokation der Apotheken auch im Raum und verursachen volkswirtschaftliche Kosten nicht zuletzt zu Lasten der Patienten.

4. Hans-Dieter Wichter

Anmerkungen zur wirtschaftlichen Lage der Apotheken in Deutschland

1. Die Entwicklung der Apothekenzahl seit 1952

Die Aushändigung der vom Arzt verordneten rezeptpflichtigen Arzneimittel (RX) an Patienten ist in Deutschland den Apotheken vorbehalten. Dieser über 770 Jahre alte Grundsatz, eingeführt durch Kaiser Friedrich II. zunächst im Königreich Sizilien, hat sich bis heute erhalten.[155] Er ist immer noch eine Regel im zeitgenössischen Apothekenrecht vieler europäischer Staaten. In Deutschland lautet der § 1 Absatz 1 Gesetz über das Apothekenwesen (Apothekengesetz): „Den Apotheken obliegt die im öffentlichen Interesse gebotene Sicherstellung einer ordnungsgemäßen Arzneimittelversorgung der Bevölkerung". Nur eine öffentliche Apotheke darf im Rahmen einer ambulanten ärztlichen Behandlung rezeptpflichtige Arzneimittel an einen Patienten abgeben (§ 43 Gesetz über den Verkehr mit Arzneimitteln).

Damit wird die von Ärzten durch ihre Verordnungen bestimmte, d.h. grundsätzlich medizinisch begründete Nachfrage nach Medikamenten in die Apotheken gelenkt. Nur dort, wo ein ausreichender Umsatz aus ärztlichen Verordnungen zusammenkommt, wird nach den Gesetzen des Marktes eine Apotheke ihren Standort wählen. Damit stellt sich die Frage, wieviel Apotheken von den therapeutisch determinierten Verordnungen überhaupt existieren können. Gibt es auf Grund der

---

[155] S. Stürner, Wolfgang (Hg.): Die Konstitutionen Friedrichs II. für das Königreich Sizilien, Hannover 1996 (Monumenta Germaniae Historica: [Leges]; [5], Constitutiones et acta publica iperatorum et regnum ; T. 2., [Inde a. MCXCVII usque ad a. MCCLXXII]; Suppl.), Buch III, Kap. 46 „De medicis". In den Vorschriften über die Ärzte wurden auch deren Beziehungen zu den Herstellern von Arzneien geregelt (der aus dem Griechischen stammende Begriff Apotheker wurde nicht verwendet, sondern der Begriff des „Confectionarius"). Eine geschäftliche Verbindung zwischen Arzt und Apotheker war verboten: „Non contrahet societatem cum confectionariis nec recipiet aliquem sub cura sua ad expensas suas pro certa pretii quantitate nec ipse habebit propriam stationem". Weiter war die Trennung der Funktionen von Arzt und Apotheker geboten: „Confectionarii vero facient confectionem suis expensis cum testimonio medicorum iuxta formam constitutionis nec admittentur ad hoc, ut teneant stationes, nisi prestito iuramento, quod omnes confectiones suas secundum predictam formam facient sine fraude". Diese Vorschrift zeigt insbesondere, dass die Festlegung der Arzneimitteltherapie Angelegenheit des Arztes war. Dass er nicht selbst dispensieren sollte, lag an der nicht unbegründeten Befürchtung eines Interessenkonfliktes. Wenn ein Arzt an Arzneimitteln verdient, könnte er versucht sein, mehr als zur Therapie notwendig zu verschreiben.

Festpreise für verschreibungspflichtige Arzneimittel zu viele Apotheken? Sind die kleinen Apotheken zukunftsfähig? Diesen Fragen zur wirtschaftlichen Lage der Apotheken in Deutschland soll hier nachgegangen werden.[156]

In Deutschland gab es im Jahre 2014 insgesamt 20.441 Apotheken (Apothekenbetriebe). Darunter waren 4.172 Filialapotheken. Im Jahr zuvor waren es 20.662 Betriebseinheiten, darunter 4.001 Filialen.[157] Die langfristige Entwicklung der Apothekenzahl seit 1952 ist in der Tabelle im Anhang 1 dargestellt. Die Zahl der Apotheken in der Bundesrepublik Deutschland stieg von gut 6.400 Unternehmen im Jahre 1952 in fast 40 Jahren bis zur deutschen Einigung auf gut 18.500 Betriebseinheiten. Das ist beinahe der dreifache Wert. Die Bevölkerung stieg im Vergleich dazu „nur" um 23 Prozent. Die Zahl der Ärzte in freier Praxis (ambulante Behandlung) stieg in dem genannten Zeitraum zwar um gut 75 Prozent. Verglichen mit den Apotheken ist dies aber ein relativ niedriger Wert. Diese dynamische Entwicklung im Apothekensystem war nach der Aufhebung der staatlichen Steuerung von Apothekenneugründungen durch das Bundesverfassungsgericht im Jahre 1958 möglich geworden.[158] Während vor dem Urteil etwa 7.000 bis 8.000 Einwohner von einer staatlich zugelassenen Apotheke versorgt wurden, nahm diese Zahl kontinuierlich bis auf rund 3.400 im Jahre 1990 ab. Auch die Zahl der Ärzte, die mit ihren Verordnungen den Umsatz einer Apotheke bestimmten, sank von fast 6,7 Ärzten je Apotheke im Jahre 1952 auf rund 4 in 1990. Diese Entwicklung war nicht nur durch einen steigenden Verbrauch an Arzneimitteln,

---

[156] Die wirtschaftliche Lage der Apotheken in Deutschland war im Jahre 2012 Gegenstand der Beantwortung einer Kleinen Anfrage im Deutschen Bundestag durch die Bundesregierung: Antwort der Bundesregierung auf die Kleine Anfrage „Wirtschaftliche Situation der Apotheken" der Abgeordneten Dr. Martina Bunge, Diana Golze, Matthias W. Birkwald, weiterer Abgeordneter und der Fraktion DIE LINKE vom 10. 09. 2012, Deutscher Bundestag, 17. Wahlperiode, Drucksache 17/10628. (Internet http://dip21.bundestag.de/dip21/btd/17/106/1710628.pdf (Abruf 22.05.2015). Im Wesentlichen hat die Bundesregierung die Entwicklung der Apothekenzahlen, die bekannten wirtschaftlichen Daten und Zahlen (Umsätze, Kosten, Betriebsergebnis) und die Preise und Zuschläge für Arzneimittel referiert (z.B. die Geschichte der Preisregulierung und gegenwärtige Rechtslage). Sie hat bei einigen Fragen Bezug auf die Selbstverwaltungsorgane im Gesundheitssystem genommen. Eine Bewertung der Wirtschaftslage der Apotheken und deren Perspektive hat sie – nachvollziehbar – nicht dargelegt.
[157] S. ABDA (Hg.): „Die Apotheke. Zahlen. Daten. Fakten. 2015", Berlin 2015, S. 8. Die Publikation ist im Internet veröffentlicht unter http://www.abda.de/fileadmin/assets/ZDF/ZDF_2015/ABDA_ZDF_2015_Brosch.pdf (Abruf 12.05.2015). Die Anzahl der Apotheken in den Bundesländern ist auf S. 9, die Filialstruktur auf S. 10 dargestellt.
[158] BVerfGE 7, 377, vom 11. Juni 1958 (1 BvR 596/56)

sondern auch durch den Markteintritt vieler, vor allem kleiner Apothekenbetriebe gekennzeichnet.

Nach der deutschen Einigung im Jahre 1990 und der Einbeziehung der Apotheken der neuen Bundesländer in den Arzneimittelmarkt schwankte die Apothekenzahl zwischen 20.108 (1991) und 21.602 (2008). Seit 2008 ist sie kontinuierlich gesunken. Die Kennziffer „Einwohner je Apotheke" steigt seit 2011. Im Jahre 2014 lag sie bei knapp 4000. Das entsprach der Zahl an Einwohnern, die im Jahre 1978 in der „alten" Bundesrepublik Deutschland durchschnittlich von einer Apotheke versorgt wurden. Diese Entwicklung seit dem Jahre 2008 deutet darauf hin, dass der Arzneimittelmarkt zumindest auf der Distributionsebene der Apotheken gesättigt ist. Neugründungen lohnen sich nur noch im Rahmen der üblichen Fluktuation. Die Schließungen werden wegen der im Folgenden erläuterten schwachen Wirtschaftslage vieler Apotheken tendenziell zunehmen. All dies sind Indikatoren, dass es gemessen an der Nachfrage nach rezeptpflichtigen Arzneimitteln im Vergleich zu einer Durchschnittsapotheke zu viele Apotheken mit einer suboptimalen Betriebsgröße gibt.[159]

---

[159] Vgl. hierzu und zu den folgenden Ausführungen den Sachverständigenrat zur Begutachtung der Entwicklung im Gesundheitswesen: „Bedarfsgerechte Versorgung – Perspektiven für ländliche Regionen und ausgewählte Leistungsbereiche. Gutachten 2014", Kapitel 2 „Arzneimittelversorgung", Abschnitt 2.4 „Die Arzneimitteldistribution", S. 116 ff. Im Internet unter http://www.svr-gesundheit.de/fileadmin/user_upload/Gutachten/2014/SVR-Gutachten_2014_Langfassung.pdf (Abruf 22.05.2015). Von besonderem Interesse für die hier betrachtete wirtschaftliche Lage der Apotheken sind die Ausführungen zur Marktstruktur (S. 119 ff.) und zum Fremd- und Mehrbesitzverbot (S. 124 f.). Aufschlussreich sind die Bewertungen des Direktors Gesundheitsmärkte bei der Deutschen Apotheker- und Ärztebank, Georg Heßbrügge, in einem Interview mit der Fachzeitung apotheke adhoc: „Jede fünfte Apotheke macht keinen Spaß" in: Apotheke adhoc, Online-Ausgabe vom 5. Februar 2015, das Interview führte Julia Pradel. (Im Internet http://www.apotheke-adhoc.de/nachrichten/apothekenpraxis/nachricht-detail-apothekenpraxis/interview-georg-hessbruegge-apobank-apotheken-selbststaendige-umsatz/ (Abruf 24.05.2015). Georg Heßbrügge weist darauf hin, dass 20 bis 25 Prozent der Apothekenbetrieb einen Überschuss haben, der aus wirtschaftlicher Sicht zu gering ist. Er schätzt, dass die Zahl der Apothekenbetriebe weiter zurückgeht, mehr Filialen gegründet werden, und dabei die Zahl der Apothekenunternehmen auf 14.000 wirtschaftlich selbständige Apotheken zurückgeht. Ebenso weist er auf einen weiteren Prozess mit Umsatzsteigerungen bei zwei Drittel der Apotheken und Umsatzsenkungen bei einem Drittel der Apotheken hin.

2. Zur wirtschaftlichen Lage der Durchschnittsapotheke

Die von der ABDA in ihrer Publikation dargestellte durchschnittliche Apotheke hatte 2014 einen Gesamtumsatz von 2,024 Million € (2013: 1,887 Million €).[160] Davon entfielen 83 Prozent auf den Verkauf von verschreibungspflichtigen Arzneimitteln (RX-Umsatz 2013: 80,3 Prozent).[161] Der entsprechende Umsatz ist damit die wesentlich Grundlage für die Existenz einer Apotheke. Der Reingewinn vor Steuern in 2014 wird mit 0,129 Million € (2013: 0,124 Million €) beziffert. Damit belief sich der Anteil des Gewinns auf 6,37 Prozent des Umsatzes (Umsatzrendite). Die Umsatzrendite der ABDA-Durchschnittsapotheke lag im Jahre 2013 bei 6,57 Prozent). Zum Vergleich: Die durchschnittliche Umsatzrendite im deutschen Mittelstand wurde für das Jahr 2013 auf 6,7 Prozent geschätzt. Dabei lag diese Kennziffer für mittelständische Unternehmen umso höher, je weniger die mittelständischen Unternehmen an Vollzeitmitarbeitern beschäftigten. In der Größenordnung von weniger als 10 Vollzeitäquivalent-Beschäftigten lag die durchschnittliche Umsatzrendite bei 13,3 Prozent. Da eine durchschnittliche Apotheke mit 7,5 Mitarbeiterinnen und Mitarbeitern in diese Größenordnung „bis zu

---

[160] Ibid. S. 28. Die Zahlen basieren nach Angaben der ABDA auf Angaben und Zahlen der Treuhand Hannover GmbH Steuerberatungsgesellschaft (s. dazu auch Fußnote 4)

[161] Ibid. S. 31. Die Zahl für 2013 ist der Publikation der ABDA (Hg.) „Die Apotheke. Zahlen Daten Fakten 2013" Berlin, o.J., entnommen. S. 29. Im Internet unter https://www.abda.de/fileadmin/assets/ZDF/ZDF_2013/ABDA_ZDF_2013_Brosch.pdf (Abruf 12.05.2015). Diese Zahlen für 2013 basieren ebenso wie die für 2014 auf den Angaben der Treuhand Hannover GmbH Steuerberatungsgesellschaft. Diese hat ihrerseits eine Informationsschrift herausgegeben: Treuhand Hannover (Hg.) „Die Apotheke in Zahlen 2014", Hannover o.J. Die Zahlen zur Wirtschaftslage und zum Personal der Apotheken beziehen sich auf 2013. Im Internet unter https://www.treuhand-hannover.de/fileadmin/content/Broschueren/Treuhand_Apotheke-in-Zahlen-2014.pdf (Abruf 12.05.2015). Die wirtschaftliche Lage einer Apotheke stellt die Treuhand in dieser Publikation an Hand einer so genannten „typischen Apotheke" dar. Alle Kennziffern liegen unter denen der typischen Apotheke und sollen offenbar verdeutlichen, wie schlecht es dem „typischen Apotheker" geht. Diese Apotheke liegt in einer Umsatzgrößenklasse von 1,25 bis unter 1,5 Million € und damit unter dem Durchschnittsumsatz. Laut Treuhand liegen hier die meisten Apotheken (14 Prozent aller Apotheken). Die ABDA hatte ursprünglich ebenfalls statt der durchschnittlichen Apotheke eine „typische Apotheke" für ihre Darstellungen verwendet. Medienberichten zufolge hat sie dieses Konzept auf „...Druck aus der Politik..." aufgegeben und verwendet jetzt das (für die Interessenvertretung ungünstigere) Modell der Durchschnittsapotheke. Vgl. dazu den Artikel von Lothar Klein: „Typische Apotheke adé: ABDA stellt Statistik um" in: Deutsche Apotheker Zeitung – Internetportal vom 07.05.2014. Im Internet unter http://www.deutsche-apotheker-zeitung.de/wirtschaft/news/2014/05/07/typische-apotheke-ade-abda-stellt-statistik-um/12740.html (Abruf 12.05.2015). Alle Zahlen beziehen sich auf den Zeitraum eines Jahres.

zehn Vollzeitbeschäftigten" gehört, liegt ihre Rendite deutlich niedriger als die vergleichbare Mittelstandsrendite.[162]

Die wirtschaftliche Lage der durchschnittlichen Apotheke stellt sich übrigens etwas besser dar, wenn die von der ABDA ebenfalls dargestellten gesamtwirtschaftlichen Zahlen für den Apothekenumsatz zugrunde gelegt werden. Danach belief sich der Gesamtumsatz aller Apotheken in 2014 auf 45,8 Milliarden €[163] (2013: 44,6 Milliarden €[164]). Bei Verwendung dieser Daten ergibt sich ein Umsatz je Apotheke von 2,240 Million € in 2014 und von 2,158 Million € in 2013. Die Zahlen für die Gewinne lauten unter Zugrundelegung der ABDA-Gewinnsätze (Umsatzrendite s.o.): Knapp 0,143 Million € in 2014 und knapp 0,142 Million € in 2013. Das bedeutet einen leicht höheren Gewinn für die Durchschnittsapotheke als im o.a. ABDA-Grundmodell. Der Gewinn zumindest für das Jahr 2013 fällt noch günstiger aus, wenn für die Gewinnermittlung der mittlere Richtsatz der Finanzverwaltung für den Reingewinn der Apotheken des Jahres 2013 zugrunde gelegt wird. Er beträgt 8 Prozent des wirtschaftlichen Umsatzes.[165] Damit ergeben sich bei einer solchen Umsatzrendite 0,172 Million € Reingewinn für die Durchschnittsapotheke. Das sind 48.000 € mehr als der weiter oben mit 6,57 Prozent für das Jahr 2013 ausgewiesene

---

[162] S. Schwartz, Michael: „Mittelstand spürt Wachstumsschwäche in Europa und rüstet sich für schwierigere Zeiten", KfW Mittelstandspanel 2014. Jährliche Analyse zur Struktur und Entwicklung des Mittelstandes in Deutschland., herausgegeben von der Kreditanstalt für Wiederaufbau, Frankfurt am Main 2014, S. 4. Die Umsatzrendite ist in der KfW-Studie definiert als „Quotient aus Vorsteuerertrag und Umsatz" (S. 14, Fußnote 13). Damit ist sie mit den Apothekenzahlen vergleichbar. Die Studie ist im Internet veröffentlicht unter https://www.kfw.de/PDF/Download-Center/Konzernthemen/Research/PDF-Dokumente-KfW-Mittelstandspanel/KfW-Mittelstandspanel-2014.pdf (Abruf 10.06.2015). Zur Mitarbeiterzahl in Apotheklen s. ABDA (Hg.) Die Apotheke. Zahlen. Daten. Fakten. 2015", a.a.O., S.13. Es wird hier davon ausgegangen, dass es sich bei der von der ABDA ausgewiesenen Mitarbeiterzahl um Vollzeit-Äquivalente handelt.

[163] S. ABDA (Hg.) „Die Apotheke. Zahlen. Daten. Fakten. 2015 ", a.a.O., S. 31. Als Quelle für die gesamtwirtschaftlichen Daten auf den S. 31 bis 33 wird INSIGHT IMS Health GmbH & Co KG angegeben. Damit liegt hier eine andere statistische Basis als die Treuhand („durchschnittliche Apotheke") vor. So können die unterschiedlichen Umsatzzahlen erklärt werden.

[164] S. ABDA (Hg.) „Die Apotheke. Zahlen Daten Fakten 2013", a.a.O., S. 29. Quelle sind angegeben: IMS Health GmbH Co KG, The Nielsen Company GmbH, ABDA-Statistik

[165] S. Bundesministerium der Finanzen (Hg.) „Richtsatzsammlung für das Kalenderjahr 2013. Pauschbeträge für unentgeltliche Wertangaben. 2014", Gewerbeklasse „Apotheken", im Internet unter http://www.bundesfinanzministerium.de/Content/DE/Downloads/BMF_Schreiben/Weitere_Steuerthemen/Betriebspruefung/Richtsatzsammlung/001_2.pdf?__blob=publicationFile&v=7 (Abruf 12.05.2015), Apotheken auf Seite 11 von 18 im Internet.

Durchschnittsgewinn. Dieser Zusammenhang kann eine Antwort auf die Frage sein, warum die vielen kleinen Apotheken mit niedrigeren Umsätzen als die ABDA-Durchschnittsapotheke überhaupt noch im Markt verbleiben. Allerdings dürften auch die sich aus den ergänzenden Berechnungen zur ABDA-Durchschnittsapotheke ergebenden leicht höheren Umsätze bzw. Betriebsergebnisse die Investitionsfähigkeit der kleinen Betriebe mittel- bis langfristig kaum besser aussehen lassen. Die Frage des Ausscheidens aus dem Marktgeschehen wird lediglich auf der Zeitachse verschoben.

Die bisherige Betrachtung der Apothekenbetriebe, d.h. aller 20.411 Einzel-, Haupt- und Filialapotheken als wirtschaftlich eigenständige Einheiten als Grundgesamtheit, vermittelt nach der in dieser Arbeit vertretenen Sicht nur einen eingeschränkten Einblick in die tatsächlichen Lage auf dem Apothekenmarkt. Dies ist eher möglich, wenn für die Berechnungen nicht alle 20.441 Betriebseinheiten im Jahr 2014 zugrunde gelegt werden, sondern nur die 16.269 Haupt- und Einzelapotheken als Unternehmenseinheiten. Die über 4000 Filialapotheken, immerhin gut 20 Prozent der Apothekenbetriebe im Jahre 2014 (2013: Gut 19 Prozent), müssen mit ihren Betriebsergebnissen den Hauptapotheken zugerechnet werden. Haupt- und Filialbetriebe bilden ein Unternehmen.

Damit stellt sich die Lage deutlich anders dar: Sie ist wesentlich günstiger für große Apothekenunternehmen mit Filialen und weitaus schwieriger für kleine Apothekenunternehmen mit nur einem Betrieb. Diese Betrachtungsweise von Unternehmen und nicht von Betrieben ist sinnvoll und notwendig, da der Apothekeninhaber mit seinem Gewinn für alle Betriebseinheiten gemeinsam steuerlich veranlagt wird. Auch die Ergebnisse der Apothekenfilialen gehen in die Ermittlung der Steuerschuld ein. Werden die o.g. gesamtwirtschaftlichen Umsatzzahlen zugrunde gelegt, ergibt sich bei dieser Betrachtung im Jahre 2014 ein deutlich höherer durchschnittlicher Umsatz je Apothekenunternehmen. Er beträgt 2,815 Million €. Bei 8 Prozent Gewinn vom Umsatz ergibt sich ein durchschnittlicher Reingewinn des Unternehmers von 0,225 Million €. Diese Zahl deutet auf ein deutlich stärkeres finanzielles Investitions- und Leistungspotenzial größerer Einheiten oberhalb des durchschnittlichen Apothekenunternehmens hin. Damit könnte auch in die für die Apotheke der Zukunft notwendigen modernen Kommunikations- und Distributionsmethoden bei der Arzneimittelversorgung investiert werden. Ein derart deutlicher Reingewinn steht einem umsatzstarken Apothekenunternehmer nach Abzug seines Einkommens als finanzielle Basis für Investitionen, Kapazitätserweiterungen und Innovationen zur Verfügung.

Bei dieser Betrachtung der Apotheken-Gesamtunternehmen fallen mit dem hohen Durchschnittsgewinn allerdings auch wesentlich mehr kleine Apotheken in niedrigere Umsatzgrößenklassen. Werden die Umsatzgrößenklassen der umsatzsteuerpflichtigen Apotheken des Jahres 2012 zugrunde gelegt, so lagen in diesem Jahr rund 80 Prozent dieser Apotheken unterhalb des durchschnittlichen Umsatzes eines Apothekenunternehmens (2,496 Million € in 2012).[166] Mit dieser Betrachtung dürften sich ein realistischeres Bild der wirtschaftlichen Lage der vielen suboptimalen Apotheken insgesamt und der sich verschärfenden Ungleichverteilung zwischen den Unternehmen abzeichnen.

Alle hier dargestellten durchschnittlichen Umsatz- und Gewinnzahlen verdeutlichen in ihrer Bandbreite, dass es bei der

---

[166] Die Ermittlung des durchschnittlichen Umsatzes je Apotheke basiert auf der gesamtwirtschaftlichen Umsatzzahl der Apotheken (42,6 Milliarden €) und der Zahl der Apothekenunternehmen von 17.068 Einheiten (nicht Betriebe) im Jahre 2012. Dies ergibt 2,496 Million Umsatz je Apothekenunternehmen in 2012. Zu den Zahlen s. ABDA (Hg.): „Die Apotheke. Zahlen Daten Fakten 2012", Berlin o.J., S. 28 und S. 6. Im Internet unter https://www.kfw.de/PDF/Download-Center/Konzernthemen/Research/PDF-Dokumente-KfW-Mittelstandspanel/KfW-Mittelstandspanel-2014.pdf (Abruf 10.06.2015). Die Zahlen der Umsatzgrößenklassen sind in der Gesundheitsberichterstattung Bund veröffentlicht. S. Statistisches Bundesamt. Website Gesundheitsberichterstattung Bund: Startseite>Gesundheitsversorgung>Beschäftigte und Einrichtung der Gesundheitsversorgung>Apotheker, Apotheken, Tabelle „Umsatzsteuerpflichtige Apotheken (Anzahl und Gesamtumsatz in 1000 Euro. Gliederungsmerkmale Jahre, Deutschland, Umsatzsteuergrößenklassen", im Internet unter https://www.gbe-bund.de/oowa921-install/servlet/oowa/aw92/dboowasys921.xwdevkit/xwd_init?gbe.isgbetol/xs_start_neu/&p_aid=i&p_aid=26220466&nummer=16&p_sprache=D&p_indsp=-&p_aid=78668421 (Abruf 10.06.2015). Im Gegensatz zu den von der ABDA ausgewiesenen Umsatzbetriebsgrößenklassen der Apothekenbetriebe stellt die Umsatzsteuerstatistik der Finanzverwaltung auf Apothekenunternehmen ab. Das Durchschnittsunternehmen kann nicht auf der Basis von Betriebsgrößenklassen betrachtet werden.

Frage der Arzneimittelversorgung und des Wettbewerbes zwischen Apotheken zwar einen Spielraum bei der Bewertung der realen Verhältnisse gibt. Für die meisten Apotheken mit unterdurchschnittlichen Betriebsergebnissen ist die Lage in jedem Fall unbefriedigend, bei den niedrigsten Umsätzen sogar kritisch – auch wenn die Statistiken etwas voneinander abweichen. Insbesondere der oben aufgezeigte Umsatz bzw. Betriebserlös der ABDA-Durchschnittsapotheke und erst recht darunter liegende individuelle Betriebsergebnisse sind zu gering, um ein Apothekenunternehmen auf Dauer zu modernisieren und zu optimieren. Vor diesem Hintergrund stellt sich die Frage, warum nicht mehr Marginalapotheken ausscheiden. Dies kann damit zusammenhängen, dass sich mit anderen Berechnungsgrundlagen (s.o. gesamtwirtschaftliche Zahlen, Finanzverwaltung) die Lage der einzelnen Apotheke etwas besser darstellt. Die Durchhaltefähigkeit ist damit vielleicht um ein paar Jahre verlängert. Das ändert jedoch langfristig nichts am Grundproblem zu vieler suboptimaler Apotheken. Die Umsatzschwäche dieser Unternehmen ergibt sich je nach Betrachtung auf einem etwas niedrigeren oder höheren Niveau. Die Frage der Überlebensfähigkeit von Marginalapotheken wird sich auch bei leicht höheren Umsätzen und Betriebsergebnissen im Zeitablauf genauso stellen wie bei der Analyse auf der Basis der ABDA-Durchschnittsapotheke.

3. Zu den wirtschaftlichen Problemen kleiner Apotheken mit suboptimaler Betriebsgröße

Bisher wurden nur Durchschnittswerte betrachtet. Daher scheint ein kurzer Blick auf die Umsatzgrößenklassen der Apotheken sinnvoll. In der Tabelle 1 (s.u.) sind Anzahl und Anteil der Apothekenbetriebe nach Umsatzgrößenklassen dargestellt.[167]

---

[167] Eine Betrachtung auf der Basis der sich aus der Umsatzsteuerstatistik der Finanzverwaltung ergebenden Umsatzgrößenklassen (s.o. Fußnote 12) und des Durchschnittsumsatzes eines Apothekenunternehmens wird hier nicht zusätzlich angestellt, da die letztverfügbaren Zahlen aus dem Jahre 2012 stammen. Eine solche Analyse würde allerdings eine noch schwierigere Lage von weitaus mehr suboptimalen Apotheken aufzeigen. Danach liegen nicht

Die von der ABDA veröffentlichten Zahlen in der Tabelle 1 zeigen, dass im Jahre 2013 etwa 61 Prozent und im Jahre 2014 rund 60 Prozent der Apothekenbetriebe den durchschnittlichen Umsatz nicht erreichten.[168] Das waren im Jahr 2013 gut 12.600 und 2014 knapp 12.300 Betriebseinheiten in den Umsatzgrößenklassen unterhalb von etwa 2 Million €. Durch das Ausscheiden (netto) von 221 Apotheken aus dem Markt zwischen 2013 und 2014 und die damit verbundene leichte Umverteilung von Marktanteilen und Umsätzen sowie durch ein allgemeines Wachstum der Umsätze sind eine Reihe von Apotheken in höhere Umsatzgrößenklassen aufgestiegen. Dies trifft etwas stärker auf die Apotheken in den höheren Umsatzgrößenklassen ab 2 Million € Umsatz zu. Große und finanzstarke Apothekenunternehmen wachsen. Ihre Zahl nimmt zu. Eine solche Entwicklung deutet auf Konzentrationsprozesse hin. Den Apotheken in den unteren Umsatzgrößenklassen gelingt es nicht, trotz eines Umsatzwachstums des Marktes für verschreibungspflichtige Arzneimittel insgesamt ihre eigenen Umsätze signifikant zu steigern. Dabei ist allerdings zu bedenken, dass das RX-Mengenwachstum schwach bis sogar negativ verlief. Der Absatz an RX-Packungen ist im Durchschnitt der vergangenen Jahre sehr langsam verlaufen, wenn nicht sogar von Stagnationserscheinungen auch auf Grund gesundheitspolitischer Maßnahmen gesprochen werden kann.[169]

---

rund 60 Prozent der Apothekenbetriebe unter dem Umsatzdurchschnitt, sondern etwa 80 Prozent der Apothekenunternehmen.
[168] S. auch Aussage ABDA (Hg.), „Die Apotheke. Zahlen. Daten. Fakten 2015", a.a.O., S. 30
[169] S. dazu Statistisches Bundesamt, Website Gesundheitsberichterstattung des Bundes (gbe-bund.de), Startseite>Gesundheitsversorgung>Arzneimittelversorgung, Heil- und Hilfsmittel>Arzneimittel, Tabelle „Arzneimittelumsatz (in Mrd. Euro und in Mio. Packungseinheiten) in Apotheken, Drogerie- und Verbrauchermärkten. Gliederungsmerkmale: Jahre, ‚Deutschland, Marktsegment", im Internet unter https://www.gbe-bund.de/oowa921-install/servlet/oowa/aw92/WS0100/_XWD_FORMPROC?TARGET=&PAGE=_XWD_218&OPINDEX=4&HANDLER=XS_ROTATE_ADVANCED&DATACUBE=_XWD_246&D.000=ACROSS&D.440=DOWN&D.100=ACROSS (Abruf 22.05.2015). Das Wachstum, gemessen am Umsatz für rezeptpflichtige Arzneimittel betrug in den letzten fünf Jahren: 2013: 5,7 Prozent, 2012: 1,5 Prozent, 2011: 0,7 Prozent, 2010: 3,1 Prozent, 2009: 1,9 Prozent. Nach den Angaben von IMS Health ist der Umsatz im Jahre 2014 sogar um 12,8 Prozent gestiegen. S. IMS Health (Hg.): „IMS Marktbericht. Entwicklung des deutschen Pharmamarktes im Dezember und im Jahr 2014", Frankfurt am Main o.J. S. 15. Im Internet unter http://de.slideshare.net/IMSHealthDE/ims-health-pharma-marktbericht-jahreszusammenfassung-2014 (Abruf 22.05.2015). Das Wachstum des Mengenabsatzes verlief langsamer. Laut Gesundheitsberichterstattung Bund ergaben sich folgende Raten: 2013: 2,6 Prozent, 2012: 0 Prozent, 2011: 0,3 Prozent, 2010: - 0,6 Prozent, 2009: - 0,3

Bei zumindest kurz- bis mittelfristig festen Apothekenzuschlägen[170] müssen die Apotheken untereinander sich das geringer wachsende oder sogar stagnierende Volumen der verschreibungspflichtigen Arzneimittel teilen. Dabei haben weniger attraktive und gleichzeitig suboptimale Apotheken erhebliche Nachteile, selbst wenn sie nicht unmittelbar in einem härteren Wettbewerb mit lokal oder regional benachbarten Unternehmen stehen.[171]

Tabelle 1: Apotheken nach Umsatzgrößenklassen (Jahre 2013 und 2014)

Umsatzgrößenklasse	Anzahl der Apotheken 2013	2014	Anteil der Apotheken in Prozent 2013	2014
0 bis unter 750.000 €	1.302	879	6,3	4,3
750.000 bis unter 1.000.000 €	1.694	1.737	8,2	8,5
1.000.000 bis unter 1.250.000 €	2.645	2.514	12,8	12,3
1.250.000 bis unter 1.500.000 €	2.913	2.432	14,1	11,9
1.500.000 bis unter 1.750.000 €	2.421	2.473	12,2	12,1
1.750.000 bis unter 2.000.000 €	2.149	2.208	10,4	10,8
2.000.000 bis unter 2.250.000 €	1.839	2.105	8,9	10,3
2.250.000 bis unter 2.500.000 €	1.653	1.431	8,0	7,0
2.500.000 bis unter 2.750.000 €	930	1.104	4,5	5,4
2.750.000 bis unter 3.000.000 €	764	777	3,7	3,8
3.000.000 bis unter 3.250.000 €	496	695	2,4	3,4
3.250.000 bis unter 3.500.000 €	351	429	1,7	2,1
3.500.000 bis unter 3.750.000 €	310	327	1,5	1,6
3.750.000 bis unter 4.000.000 €	207	204	1,0	1,0
4.000.000 bis unter 4.250.000 €	186	266	0,9	1,3
4.250.000 bis unter 4.500.000 €	124	163	0,6	0,8
4.500.000 bis unter 4.750.000 €	82	82	0,4	0,4
4.750.000 bis unter 5.000.000 €	103	102	0,5	0,5
Über 5.000.000 €	351	490	1,7	2,4

Quellen: ABDA (Hg.) „Die Apotheke. Zahlen Daten Fakten 2013", a.a.O., S. 24 f. für das Jahr 2013. ABDA (Hg.) „Die Apotheke. Zahlen. Daten. Fakten 2015", a.a.O., S. 30, für das Jahr 2014

Prozent. IMS Health gibt für 2014 einen Anstieg von 0,7 Prozent an. Zu gesundheitspolitischen gesetzgeberischen Maßnahmen in den vergangenen Jahren s. Tabelle 1 im Anhang.

[170] Zu den Einzelheiten der Festpreise für verschreibungspflichtige Arzneimittel und zu den Zu- und Abschlägen auf den Apothekeneinstandspreis (Großhandelspreis) s. den Beitrag „Zur Frage der Störung der optimalen Allokation der Apotheken im Raum durch feste Preise für Arzneimittel und deren Analyse in wirtschaftswissenschaftlichen Beiträgen" in dieser Publikation

[171] S. dazu S. Heinsohn, Jörg G.; Flessa, Stefan: „Competition in the German pharmacy market: an empirical analysis", in: BMC Health Services Research 2013, 13. 407, veröffentlicht im Internet unter http://www.biomedcentral.com/1472-6963/13/407 (Abruf 24.05.2015). Auf Grund einer Befragung von knapp 300 Apothekern in allen Teilräumen Deutschlands kommen die Autoren zu dem Ergebnis, dass die meisten der befragten Unternehmer sich weniger in einer Wettbewerbsbeziehung zu den relevanten Apotheken in ihrer Umgebung sahen. Sie verhielten sich daher bei wettbewerbsfördernden Innovationen zurück. Entsprechend war die Umsatzentwicklung eher verhalten. Hingegen konnten innovative Apotheker ihre Umsätze steigern.

Vielen Leitern von Apotheken in den unteren Umsatzgrößenklassen gelingt es nicht, durch ihr unternehmerisches Handeln in höhere Klassen aufzusteigen. Damit sind die Betriebe in der Masse zwar nicht unmittelbar existentiell gefährdet. Es gibt derzeit lediglich in den niedrigsten Umsatzgrößenklassen mit weniger als 0,75 Million € Jahresumsatz vermutete 4 bis 6 Prozent Marginalapotheken, die in ihrer wirtschaftlichen Existenz kurzfristig akut gefährdet sein könnten.[172]

Allerdings sind die Apothekengewinne in den Größenklassen unterhalb der Durchschnittsapotheke keine Basis für fortschrittsorientierte Innovationen und Investitionen. Der Gewinn reicht als Einkommen des Apothekers allenfalls für seine soziale Sicherung aus. Nicht ganz so einfach dürfte es sein, daraus ohne Kreditaufnahme etwa eine Renovierung seiner Betriebsräume, die Aktualisierung der IT oder einen Botendienst zu finanzieren. Dies deutet auch die ABDA an.[173] Den Herausforderungen der digitalisierten Zukunft mit Medikationsapps oder telemedizinischen Einrichtungen dürften die suboptimalen Apothekenunternehmen in den niedrigeren Umsatzgrößenklassen kaum gewachsen sein. Dazu sind die Betriebe zu klein und ihre Liquidität fällt zu gering aus. Um zukunftsorientiert agieren zu

---

[172] Unter Marginalapotheke wird hier eine Apotheke verstanden, deren Rendite langfristig niedriger liegt als die Verzinsung des eingesetzten Kapitals am Kapitalmarkt oder deren Gewinn längerfristig niedriger liegt als das Durchschnittseinkommen eines angestellten Apothekers. Dann lohnen die Übernahme der unternehmerischen Verantwortung bzw. die Kosten der Selbständigkeit nicht mehr. Nach Angaben der Treuhand verdiente ein angestellter approbierter Apotheker in den alten Bundesländern ab dem 11. Berufsjahr maximal 4.574 € monatlich. Das Gehalt nach Tarif betrug für denselben 3.908 € (ab. 01.07.2014). Legt man das maximale Gehalt (12 Monate) zugrunde, müsste der Jahresgewinn eines selbständigen Apothekers rund 55.000 € betragen. Vgl. dazu Treuhand Hannover (Hg.) „Die Apotheke...", a.a.O., Tabelle „Tarif- und Effektivgehälter in Apotheken West und Ost".

[173] ABDA (Hg.): „Die Apotheke...", a.a.O., S. 28. Die ABDA weist darauf hin, dass von dem von ihr ermittelten Durchschnittsgewinn zum Einen noch Steuern und die Altersvorsorge zu zahlen sind. Zum anderen muss er daraus seine Investitionen finanzieren. Wenn der Apotheker etwa 15 Prozent für Altersvorsorge und Krankenversicherung aufwendet verdient er knapp 8.800 € brutto im Monat. Damit mag zu der oberen Gruppe der selbständigen Freiberufler gehören. Als Basis für nachhaltige Zukunftsinvestitionen (auch mit Krediten) dürfte ein derartiger Gewinn wohl nicht ausreichen. Zu der Frage der Apothekeneinkommen im Vergleich zu den Einkommen anderer Freiberufler vgl. die allerdings etwas ältere Arbeit von Brehm, Torsten; Eggert, Kerstin; Oberlander, Willi: Die Lage der freien Berufe, Nürnberg 2012, S. 67 ff. (Im Internet unter https://www.bmwi.de/BMWi/Redaktion/PDF/Publikationen/Studien/lage-der-freien-berufe,property=pdf,bereich=bmwi2012,sprache=de,rwb=true.pdf (Abruf 29.03.2015). Die Publikation ist eine Forschungsarbeit im Auftrag des Bundeswirtschaftsministeriums. Die Zahlen stammen aus dem Jahre 2010. Für die Apotheker stimmen sie unter Berücksichtigung der Inflationsraten in der Größenordnung mit den o.g. ABDA-Zahlen für die durchschnittliche Apotheke überein.

können, müsste es eine weitere Konzentration der Apothekenunternehmen geben. Nur durch einen Konzentrationsprozess und ein Wachstum der auf dem Markt verbleibenden Unternehmen kann sich das Apothekensystem modernisieren.

Den Weg könnten bereits existierende große Unternehmen mit Filialbetrieben, Versandhandel und einem tragfähigen Gewinn weisen (s.o. und die entsprechenden Umsatzgrößenklassen in der Tabelle). Dass die großen Apotheken an Gewicht auf dem Markt an Bedeutung gewinnen, zeigt die Zunahme der Apotheken in den Umsatzgrößenklassen über 3 Million €. Im Jahre 2013 gab es noch 10,7 Prozent Apotheken (2211 Betriebe) in diesen Klassen. Im Jahre 2014 erwirtschafteten schon 13,5 Prozent der Apothekenbetriebe (2759 Betriebe) mehr als 3 Million € Jahresumsatz. Damit stieg die Zahl der entsprechenden großen Betriebe um 25 Prozent, während die Gesamtzahl der Apotheken um 1 Prozent abnahm. Diese Tendenz wird sich fortsetzen.

4. Ergebnis: Volkswirtschaftliche Kosten durch die hohe Zahl suboptimaler Apothekenbetriebe

Die Überlegungen zur Investitionsschwäche der Mehrheit der deutschen Apotheken korrespondieren mit der Feststellung des Experten der deutschen Apotheker- und Ärztebank für Gesundheitsmärkte, Georg Heßbrügge, dass "…20 bis 25 Prozent [der Betriebsstätten] … einen Überschuss [haben], der aus wirtschaftlicher Sicht zu gering ist."[174] Damit weist auch er indirekt auf die schwache finanzielle Basis vieler Apotheken hin. Zukunftsinvestitionen zur Generierung von Wachstum des Apothekenunternehmens, um mit größeren innovative Betrieben und einer modernen Distribution leistungsfähiger zu werden, sind für die meisten Apotheken nicht finanzierbar. Vor allem das

---

[174] Georg Heßbrügge, Interview mit der Fachzeitung apotheke adhoc: „Jede fünfte Apotheke macht keinen Spaß", a.a.O., erste Frage/Antwort

Festpreissystem wird weiter entscheidend zur dieser Gesamtlage der mindestens 60 Prozent Apotheken mit einem zu geringen Umsatz beitragen. Der Mengenabsatz an rezeptpflichtigen Arzneimitteln wächst deutlich langsamer als der Umsatz.[175] In den Jahren 2009 und 2010 ergab sich sogar eine Schrumpfung. Allerdings konnten durch das rigide Festpreissystem und gestiegene Preise bei einem im europäischen Vergleich hohen Apothekenzuschlag auch die kleineren Apotheken trotz der Stagnation der Verkaufsmenge noch „Überlebensumsätze" erzielen. So hält das System fester Preise für verschreibungspflichtige Arzneimittel einen hohen Anteil an suboptimalen Apotheken künstlich im Markt. Es verhindert mehr größere leistungsfähige Unternehmenseinheiten mit einem hohen Fortschritts- und Zukunftspotenzial. Das gilt auch für die Arzneimittelversorgung in der Fläche. Die Zukunft wird im ländlichen Raum zunehmend von Botendiensten durch fachkundiges Personal bestimmt sein. Das gilt auch für die Notdienstversorgung. Derartige logistische Verfahren kann aber nur eine große und finanzstarke Apotheke leisten. Mit solchen starken Apotheken könnte die Effizienz der Arzneimitteldistribution insgesamt und flächendeckend gesteigert werden.

Damit sind auch Erwartungen an den Apotheker der Zukunft unrealistisch, die ihn gemeinsam mit dem Arzt als integralen Bestandteil von Medikationsprozessen sehen. So hatte das der Sachverständigenrat zur Begutachtung der Entwicklung des Gesundheitswesens 2009 im Zusammenhang mit einem möglichen Wettbewerb um Vertragsmodelle in der Arzneimittelversorgung zwar formuliert: „Auf diese Weise ändert sich die Rolle der Apotheken von einer derzeit eher passiven Institution für die Arzneimitteldistribution zu einer Institution, die gemeinsam mit den Ärzten und den Angehörigen nichtärztlicher Gesundheitsberufe im Rahmen veränderter Organisations- und

---

[175] S.o. Fußnote 11

Finanzierungsstrukturen ...aktiv in den Einkauf, in die richtige Auswahl, in die effektive Anwendung, in die Vermittlung industrieunabhängiger und auf den Ergebnissen der evidenzbasierten Medizin beruhender Informationen sowie in das Monitoring der Arzneimitteltherapie eingebunden ist."[176] Diese Erwartungen sind aber im Hinblick auf die durch das entwicklungshemmende Festpreissystem im Markt gehaltenen suboptimalen Apotheken mit einem geringen Finanzierungspotenzial unrealistisch. Den durch das gegenwärtige System von Festpreisen verursachten volkswirtschaftlichen Kosten steht kein Nutzen durch Wachstum und moderne Systeme pharmazeutischer Betreuung entgegen.[177]

---

[176] Sachverständigenrat zur Begutachtung der Entwicklung im Gesundheitswesen, „Sondergutachter 2009", a.a.O., S. 351, Ziffer 769.
[177] Zu den schwachen Perspektiven der Apotheker im Zusammenhang mit der zunehmenden Bedeutung des Medikationsmanagements s. den Beitrag in dieser Publikation „Zur Frage der Störung der optimalen Allokation der Apotheken im Raum durch feste Preise für Arzneimittel und deren Analyse in wirtschaftswissenschaftlichen Beiträgen", insbesondere Fußnote 15.

5. Hans-Dieter Wichter

Zur Frage der Störung der optimalen Allokation der Apotheken im Raum durch feste Preise für Arzneimittel und deren Analyse in wirtschaftswissenschaftlichen Beiträgen

1. Ökonomische Aspekte des Systems fester Preise für verschreibungspflichtige Arzneimittel in Deutschland

Für verschreibungspflichtige Arzneimittel (RX) hat der Endverbraucher in Deutschland einen Festpreis zu bezahlen.[178] Er ist im internationalen Vergleich durch hohe Zuschläge auf den Apothekeneinstandspreis gekennzeichnet.[179] Auf diesen Einkaufspreis, zu dem der Apotheker ein industriell hergestelltes Fertigarzneimittel i.d.R. beim Großhandel bezieht, werden 3 Prozent aufgeschlagen. Hinzu kommt ein fester Zuschlag von derzeit 8,35 €. Grundsätzlich ist dies die Handelsspanne des Apothekers, aus dem sich der Hauptanteil

---

[178] Die Regulierung der Arzneimittelpreise in Deutschland hat eine lange Tradition. Zum ersten Mal wurde am 23. Februar 1905 eine Preisregulierung durch eine einheitliche Deutsche Arzneitaxe im Rahmen einer Vereinbarung der obersten Landesbehörden erlassen. Damit wurden Apothekenzuschläge für „Arzneien" eingeführt und festgelegt. Das wirkte grundsätzlich wie ein Höchstpreissystem. Bereits damals ging es darum, die Ausgaben der Krankenkassen zu kontrollieren. Absicht war nicht – wie später in der Bundesrepublik Deutschland – „den berechtigten Interessen der Arzneimittelverbraucher und der Apotheken" Rechnung zu tragen [S. § 78 Absatz 2 Arzneimittelgesetz (AMG)]. Den Passus der „berechtigten Interessen" gibt es seit Inkrafttreten des Arzneimittelgesetzes 1961, damals stand er in § 37 Arzneimittelgesetz (Bundesgesetzblatt Teil I, Nr. 33. Bonn 19. Mai 1961, S. 533 ff.). S. dazu Zacher, Hans F.: „Die Geschichte der Arzneimittelversorgung in der gesetzlichen Krankenversicherung", in: Külp, Bernhard; Stützel Wolfgang (Hg.): „Beiträge zu einer Theorie der Sozialpolitik. Festschrift für Elisabeth Liefermann-Keil zum 65. Geburtstag", Berlin 1973, S. 201 bis 228. Aufschlussreich ist der Hinweis von Zacher zu der Preisregelung im Arzneimittelgesetz (damals § 37 AMG) auf Seite 224, Fußnote 76 seines Beitrages: „Während die Verordnungspraxis also einen starken preisrechtlichen Akzent setzt – ohne daß damit gesagt werden könnte, daß sie den ökonomischen Problemen gerecht wird –, wurden gerade die ökonomischen Probleme im Verlauf des Gesetzgebungsverfahrens zu § 37 des Arzneimittelgesetzes nur sehr allgemein ökonomisch unzulänglich und mit einem vordergründigen preisdirigistischen Euphemismus angesprochen..." Dies ist ein Hinweis auf den regulativ-protektionistischen Charakter des Festpreissystems.

[179] Nicht zuletzt durch den relativ hohen Festzuschlag der Apotheken auf den RX-Apothekeneinstandspreis eines industriell hergestellten Fertigarzneimittels in Höhe von derzeit 8,35 € (Mai 2015) liegen die deutschen RX-Apothekenverkaufspreise im europäischen Vergleich relativ hoch. Die hohe deutsche Apothekenspanne (s.u.) wirkt sich insbesondere bei Medikamenten mit niedrigen oder mittleren Preisen, wie Generika, aus. So wird auch der Endverkaufspreis im unteren Preissegment überproportional gesteigert. Dieser Effekt wird an Beispielen in einer Studie im Auftrag der EU-Kommission deutlich. S. Kanavos, Panos; Schurer, Willemien; Vogler, Sabine: „The Pharmaceutical Distribution Chain in the European Union: Structure and Impact on Pharmaceutical Prices", Final Report 2011, European Commission, Brussels 2011, Insbesondere S. 54 ff und passim. Im Internet unter http://eprints.lse.ac.uk/51051/1/Kanavos_pharmaceutical_distribution_chain_2007.pdf. (Abruf 14.05.2015). Zu internationalen Vergleichen von Arzneimittelpreisen s. auch: O'Neill, Phil; Puig-Peiró, Ruth; Mestre-Ferrandiz, Jorge; Sussex, J. (Office of Health Economics): „International Comparison of Medicine Prices 2011 Indices. Methodology and Results", London 20123. Im Internet unter https://www.ohe.org/publications/international-comparisons-medicines-prices-2011-indices (Abruf 14.05.2015).

des Apothekengewinnes ergibt.[180] Zur Abgeltung besonderer Belastungen durch Nacht- und Notdienste im Apothekensystem werden 0,16 € zu dem Apothekenverkaufspreis hinzugerechnet (Notdienstpauschale). Sie müssen aber abgeführt werden. Zur Entlastung der gesetzlichen Krankenversicherungen werden zur Mitfinanzierung der Arzneimittelkosten neben den pharmazeutischen Unternehmern (Herstellerrabatte) und den Endkunden (Zuzahlung des Patienten) auch die Apotheken herangezogen.[181] Sie müssen zu Gunsten der Krankenkassen einen Apothekenrabatt (Apothekenabschlag) in Höhe von derzeit (Mai 2015) 1,77 € leisten.[182] Letzteres reduziert die Handelsspanne des Apothekers und damit Umsatz und Gewinn. Faktisch beträgt der Apothekenzuschlag 6,58 €. Zuschläge und Rabatte sind Ergebnis von Verhandlungen auf Verbandsebenen, politischen Einflussnahmen und Machpositionen. Die entsprechenden Entscheidungsfindungsprozesse können wirtschaftswissenschaftlich am ehesten mit Oligopol- und Kartelltheorien erklärt werden.

Der auf der Basis von Verbandsverhandlungen und politischer Entscheidungen regulierte Festpreis ist für alle Apotheken in Deutschland verbindlich. Geregelt ist das Festpreissystem in § 78 Absatz 2 Satz 2 Arzneimittelgesetz: „Ein einheitlicher Apothekenabgabepreis für Arzneimittel, die vom Verkehr außerhalb der Apotheken ausgeschlossen sind, ist zu gewährleisten". Dabei werden in dem darauffolgenden Satz 3 der Vorschrift die nicht verschreibungspflichtigen Arzneimittel, die nicht zulasten der GKV abgegeben werden (OTC), ausgenommen. Mit dieser starren Regelung des RX-Apothekenverkaufspreises (RX-AVP) steht dem Apotheker

---

[180] Der Anteil des Umsatzes aus verschreibungspflichtigen Arzneimitteln im Jahre 2013 betrug 80.3 Prozent des Gesamtumsatzes, im Jahre 2014 waren es 83 Prozent. Der RX-Verkauf und der daraus erzielte Gewinnanteil ist die Existenzgrundlage für die Apotheke. Zu den Zahlen s. ABDA (Hg.): „Die Apotheke. Zahlen Daten Fakten 2013", Berlin o.J., S. 28 (Im Internet unter https://www.abda.de/fileadmin/assets/ZDF/ZDF_2013/ABDA_ZDF_2013_Brosch.pdf (Abruf 26.05.2015)) und ABDA (Hg.): „Die Apotheke. Zahlen. Daten Fakten 2015", Berlin o.J., S. 31 (Im Internet unter http://www.abda.de/uploads/tx_news/ABDA_ZDF_2015_Brosch.pdf (Abruf 26.05.2015)).

[181] Die Rabatte der pharmazeutischen Unternehmer sind in § 130 a Sozialgesetzbuch V (SGB V), die Zuzahlungen der Endverbraucher in § 61 SGB V geregelt.

[182] S. § 130 SGB V. Zu Einzelheiten der Vereinbarung des Apothekenrabattes und zur Interpretation dieses Apothekenabschlages s. die Informationen des Spitzenverbandes der gesetzlichen Krankenversicherungen. GKV-Spitzenverband, Website, Startseite>Presse>Themenmagazin>Apothekenhonorierung, Artikel „Thema: Apothekenhonorierung". Im Internet unter http://www.gkv-spitzenverband.de/presse/themen/apothekenhonorierung/thema_apothekenhonorierung_1.jsp (Abruf 24.05.2015)

beim Verkauf von RX der Preis als Aktionsparameter nicht zur Verfügung. Hinzu kommt, dass auch sein Einfluss auf die Verkaufsmenge mehr als begrenzt ist. Der Arzt bestimmt mit der primär medizinisch begründeten Festlegung der RX-Nachfrage den Absatz. Damit ist der RX-Markt durch eine, wie der Sachverständigenrat zur Begutachtung der Entwicklung im Gesundheitswesen festgestellt hat, „äußerst geringe Preiselastizität der Nachfrage" gekennzeichnet.[183] Gemeint ist damit im Bereich RX die Preiselastizität im Hinblick auf die Verschreibung des Arztes. Er soll, etwa im Falle der Wahl zwischen Generikum und Originalprodukt, grundsätzlich das preisgünstigere Produkt verschreiben. Diese Entscheidung ist aber nicht durch einen niedrigeren apothekenindividuellen Preis eines Apothekers induziert. Vielmehr soll der Arzt auf Grund des Wirtschaftlichkeitsgebotes nach § 12 SGB V in Verbindung mit § 92 Absatz 1 Satz 2 Nr. 6 SGB V das Medikament mit dem niedrigeren Festpreis wählen, der auf der Preisfestsetzung des Herstellers beruht. Zweck ist eine Begrenzung der Arzneimittelkosten der Krankenkassen. Konkretisiert ist dieses Gebot in der Richtlinie des Gemeinsamen Bundesausschusses über die Verordnung von Arzneimitteln in der vertragsärztlichen Versorgung (Arzneimittel-Richtlinie).[184] Der Arzt verschreibt dann zwar das Arzneimittel mit dem niedrigeren (vom Hersteller bestimmten) Festpreis. Dieser Festpreis für das verordnete (preisgünstigere) Medikament gilt dann aber in allen Apotheken. Es ist im deutschen System verschreibungspflichtiger Arzneimittel ausgeschlossen, dass der Patient das verordnete Arzneimittel in einer Apotheke zu einem apothekenindividuellen günstigeren Preis erwirbt. Damit hat der Apotheker auf dem für ihn existentiellen RX-Markt keinen

---

[183] S. Sachverständigenrat zur Begutachtung der Entwicklung im Gesundheitswesen: Bedarfsgerechte Versorgung – Perspektiven für ländliche Regionen und ausgewählte Leistungsbereiche. Gutachten 2014", Internetausgabe der Langfassung. Im Internet unter http://www.svr-gesundheit.de/fileadmin/user_upload/Gutachten/2014/SVR-Gutachten_2014_Langfassung.pdf (Abruf 24.05.2015). Kapitel 2 „Arzneimittelversorgung", Abschnitt 2.4 „Die Arzneimitteldistribution", S. 119, Ziffer 89.
[184] Richtlinie des Gemeinsamen Bundesausschusses über die Verordnung von Arzneimitteln in der vertragsärztlichen Versorgung (Arzneimittel-Richtlinie) in der Fassung vom 18. Dezember 2008/22. Januar 2009, zuletzt geändert am 22. Januar 2015, in Kraft getreten am 10. April 2015. Die hier besonders relevante Vorschrift ist § 9 Absatz 2 Arzneimittel-Richtlinie, die bestimmt, dass bei gleicher therapeutischer Wirkung stets die preisgünstigere Arznei- bzw. Wirkstoffalternative gewählt werden soll. Bei dieser Verordnungsvorschrift geht es um den Preiswettbewerb auf der Herstellerebene.

Preissetzungsspielraum als Aktionsparameter für eine apothekenindividuelle Entscheidung. Es ist ihm nicht möglich, das wirtschaftliche Interesse des Kunden mit einem niedrigeren Preis (in der Praxis: niedrigeren Zuzahlung) zu wecken und ihn so an sich zu binden. Das bedeutet, dass ihm die klassische marktwirtschaftliche Entscheidungsmöglichkeit genommen ist, durch einen niedrigeren Preis (niedrigere Zuzahlung oder Boni) mehr Kunden zu gewinnen. Damit ist durch Preiswettbewerb keine Umsatz- oder Gewinnsteigerung möglich.

In einem System fester RX-Preise ist für den Apotheker nur die Verkaufsmenge relevant. Allerdings ist sie für ihn kein Aktionsparameter. Er darf nämlich nicht für ein bestimmtes RX-Produkt werben und dabei etwa auf die besondere Qualität eines RX-Medikamentes hinweisen.[185] Er ist auf die vom Arzt aus therapeutischen Gründen determinierte Menge und einer preisunabhängigen Entscheidung des Patienten für seine Apotheke abhängig. Diese Kundenentscheidung hängt im System fester RX-Preise von anderen Wettbewerbsparametern ab. Herausragende Bedeutung hat die Nähe zu Ärzten. Sie steuern und sichern die Versorgung mit Arzneimitteln und entscheiden am Ende über die Existenz von Apotheken.[186] Daher ist vor allem die Wahl des Standortes der Apotheke in Relation zu der Verteilung der Ärzte im Raum das zentrale Entscheidungskriterium im Nicht-Preiswettbewerb. Ideal ist der Ausgang eines Ärztehauses neben einem Einkaufszentrum mit großzügigen Parkmöglichkeiten. Da dies mit hohen Mietkosten verbunden sein dürfte, werden umsatz- und gewinnstarke Apothekenunternehmen bei der Akquisition der besten Standorte einen Vorteil haben. Beim Nicht-Preiswettbewerb kommen als Aktionsparameter Öffnungszeiten, Beratungsleistungen, bei jüngeren Kunden auch zunehmend mehr moderne Technologien sowie die rasche Verfügbarkeit der Medikamente (hohe Lagerhaltung mit Kapitalbindung) hinzu. Ggf. wird der Preis für OTC für einen

---

[185] S. § 10 Absatz 1 Gesetz über die Werbung auf dem Gebiete des Heilwesens (Heilmittelwerbegesetz)
[186] S. dazu den Beitrag „Die Ärzte als Determinante für die Steuerung und Gewährleistung der flächendeckenden Arzneimittelversorgung, die Allokation und die Funktion der Apotheken im Raum" in dieser Publikation

Preiswettbewerb in diesem Marktsegment genutzt.[187] Allerdings sind die mehr qualitätsbezogenen Wettbewerbsparameter mit tendenziell höheren Kosten verbunden. Sie dürften von der Mehrheit der deutschen Apotheken nur schwer finanziert werden können.[188] Damit ist dieser Wettbewerbsspielraum für die rund 60 Prozent der deutschen Apotheken mit einem Umsatz und Ertrag unter dem Durchschnittsumsatz bzw. -gewinn begrenzt.[189] In Wirklichkeit führt dies zu einer geringen Dynamik im Apothekenmarkt.[190] Die atomistische Angebotsstruktur auf diesem Markt für den Endverbrauch hat durch die Festpreise, das begrenzte RX-Mengenwachstum und die geregelte Arztverteilung im Raum eine Art statisches Gleichgewicht erreicht.[191] Es gibt derzeit nur wenige

---

[187] S. zu dieser Fragestellung Haucap, Justus; Coenen, Michael; Herr Annika; Kuchinke, Björn A.: „Der deutsche Apothekenmarkt: Reformoptionen für eine effiziente und nachhaltige Versorgung", Studie im Auftrag der Initiative Neue Soziale Marktwirtschaft (INSM), Düsseldorfer Institut für Wettbewerbsökonomie (Heinrich-Heine-Universität Düsseldorf)/Technische Universität Ilmenau. Im Internet veröffentlicht unter http://www.insm.de/insm/dms/insm/text/presse/pressemeldungen/2011 (Abruf 24.05.2015).

[188] S. dazu den Beitrag „Anmerkungen zur wirtschaftlichen Lage der Apotheken in Deutschland"in dieser Publikation. Aufschlussreich ist in Bezug auf Wettbewerbsprozesse auch der Blick auf ausländische Apothekenmärkte, etwa den in England und Wales. Das durch den Staat organisierte, gelenkte und finanzierte Gesundheitssystem (National Health Service – NHS) hat dazu geführt, dass die Arzneimittelpreise (Höchstpreise) zu den niedrigsten in Europa gehören (s. Literaturhinweise in Fußnote 1). Dies wirkt sich auch auf den Apothekenmarkt aus, wo der Nicht-Preis-Wettbewerb zwischen Apothekenketten untereinander und mit noch relativ wenigen inhabergeführten Apotheken zunehmend an Bedeutung gewinnt. Hier nehmen moderne Beratungs- und Serviceleistungen oder die Effizienz der Versorgung zu Gunsten der Patienten immer mehr Raum ein. Damit sind aber komplexe und vor allem teure Investitionen und deren Finanzierung verbunden. Vgl. dazu Thomas, Michael; Plimley, Jonathan: „The Future of Community Pharmacy in England. Studie der ATKearney-Consulting, im Internet unter https://www.atkearney.com/en_GB/health/ideas-insights/article/-/asset_publisher/LCcgOeS4t85g/content/the-future-of-community-pharmacy-in-england/10192 (Abruf 25.05.2015). Ähnlich auch der Sachverständigenrat zur Begutachtung der Entwicklung im Gesundheitswesen: Bedarfsgerechte Versorgung – Perspektiven für ländliche Regionen und ausgewählte Leistungsbereiche. Gutachten 2014", S.121 f., Ziffer 91.

[189] S. dazu den Beitrag „Anmerkungen zur wirtschaftlichen Lage der Apotheken in Deutschland" in dieser Publikation

[190] Zu einem vergleichbaren Ergebnis kommen Jörg G. Heinsohn und Stefan Flessa, die im Rahmen einer empirischen Studie knapp 300 Apotheker zu ihrer Einschätzung des und ihre Einstellung gegenüber dem Wettbewerb auf dem Apothekenmarkt befragt haben. Sie kommen zu dem Ergebnis, dass die Mehrheit der Befragten keinen besonderen Wettbewerbsdruck empfindet. Allerdings wird die Innovationsbereitschaft des Apothekers als höchst relevant für die Entwicklung des Umsatzes und die Gewinnmarge eingeschätzt. Viele Apotheker vernachlässigen ein kundenorientiertes Management zur Verbesserung der Umsatzlage. Erfolgreich hingegen waren innovative Apothekenunternehmer. S. Heinsohn, Jörg G.; Flessa, Stefan: „Competition in the German pharmacy market: an empirical analysis", in: BMC Health Services Research 2013, 13. 407, veröffentlicht im Internet unter http://www.biomedcentral.com/1472-6963/13/407 (Abruf 24.05.2015).

[191] Mit „atomistischer Angebotsstruktur" charakterisiert der Sachverständigenrat zur Begutachtung der Entwicklung im Gesundheitswesen in seinem Jahresgutachten 2014, a.a.O., Abschnitt 2.4 „Die Arzneimitteldistribution", S. 119, Ziffer 89 den Apothekenmarkt. Grundsätzlich ist diese Charakterisierung möglich. Bei einem regionalen Teilmerkt mit sehr wenigen Anbietern und einer hinreichenden Distanz zum nächsten Teilmarkt wäre auch eine Einstufung als Oligopol möglich. Nach der hier vertretenen Auffassung kommt die Marktform der monopolistischen Konkurrenz der Realität näher. Zwar spielt bei diesem Modell der Preis als Aktionsparameter die entscheidende Rolle. Entscheidend ist zur Erklärung der Verhaltensweisen von Kunden in dem Modell ist aber, dass sie zunächst eine Präferenz für den Anbieter (Apotheker) haben. Er kann Preise (hier OTC), Qualität seiner Dienstleistungen, Service

Modernisierungsansätze in Richtung auf zukunftsweisende Systeme der Distribution oder eines fortschrittlichen Medikationsmanagements.[192] Auf die schwache Dynamik des Apothekensystems

---

oder Beratung in einer gewissen Bandbreite variieren, ohne dass der Kunde seine Vorliebe für ihn aufgibt. In diesem Bereich ist er Monopolist. Erst wenn er mit Preiseiner Preissteigerung oder mit einer Qualitätsreduzierung diesen Monopolbereich verlässt, wird der Kunde sich gegen ihn entscheiden (und umgekehrt). Bei einer Flexibilisierung aller Arzneimittelpreise würde dieses Modell eher greifen als andere Marktmodelle. S. dazu einen Klassiker der ökonomischen Theorie: Chamberlin, Edward Hastings: „The Theory of Monopolistic Competition", Cambridge (Mass.), Harvard University Press, 1933.

[192] Ein zentrales Element für ein Medikationsmanagement ist der so genannte Medikationsplan, der die Arzneimitteltherapiesicherheit insbesondere durch die Nutzung moderner Informationstechnologie verbessern soll. Hier werden E-Health-Systeme in Zukunft eine besondere Rolle spielen. Dazu gehört nicht zuletzt die entsprechende Nutzung der elektronischen Gesundheitskarte. Die Einführung eines Medikationsplanes bei der Therapie mit drei oder mehr verordneten Arzneimitteln sieht auch der von der Bundesregierung vorgelegte „Entwurf eines Gesetzes für sicher digitale Kommunikation und Anwendungen im Gesundheitswesen vor". Durch dieses Artikelgesetz soll im SGB V ein § 31 a SGB V „Medikationsplan" eingeführt werden. Verantwortlich für die Erstellung, die Aushändigung des Medikationsplanes und die weiteren Dokumentationen im Lauf der Therapie(n) ist der Arzt, insbesondere der Hausarzt. Im Gesetzestext selbst ist dem Apotheker keine unmittelbare Funktion zugewiesen. Aus dem Kontext der Begründung zu dieser Vorschrift kann geschlossen werden, dass Apotheker allenfalls an der Dokumentation, ggf. an einer Überwachungsfunktion teilhaben. Eine besondere Einbindung als „Kontrollinstanz" zur Vermeidung von Neben- und/oder Wechselwirkungen ist in der Vorschrift nicht erkennbar. S. Den Gesetzentwurf auf der Website des Bundesministeriums für Gesundheit (BMG). BMG, Website, Presse>Pressemitteilungen>Pressemitteilungen 2015-02>E-Health Gesetzentwurf im Kabinett: „Hermann Gröhe: „Patienten-Nutzen gehört in den Mittelpunkt". Bundeskabinett beschließt den E-Health Gesetzentwurf" (Internet: http://www.bmg.bund.de/presse/pressemitteilungen/2015-02/e-health-gesetzentwurf-im-kabinett.html (Abruf 07.06.2015). Der Gesetzentwurf ist auf der BMG-Website veröffentlicht unter http://www.bmg.bund.de/fileadmin/dateien/Downloads/E/eHealth/150527_Gesetzentwurf_E-Health.pdf (Abruf 07.06.2015). Enttäuschung über die untergeordnete Rolle der Apotheker im System des vorgesehenen Medikationsplanes (und an der nicht vorgesehenen Honorierung) macht sich offenbar derzeit in Apothekerkreisen breit. Laut einer Umfrage der Fachzeitschrift apotheke adhoc befürchten 48 Prozent der befragten Apotheker, dass die Arbeit am Medikationsplan zwar beim Apotheker „landen wird", es dafür aber kein Geld gibt. Nur 14 Prozent sehen eine Chance auf Änderung der Regelung im weiteren Gesetzgebungsverfahren, so dass Apotheker stärker eingebunden werden. S. Artikel „Medikationsplan: Abgehakt", in apotheke adhoc (Online-Ausgabe) vom 06.06.2015. Im Internet: http://www.apotheke-adhoc.de/nachrichten/politik/nachricht-detail-politik/umfrage-skepsis-gegenueber-medikationsplan-vom-apotheker/ (Abruf 07.06.2015). Der derzeitige Gesundheitsminister Hermann Gröhe versucht, diese Kritik der Apotheker zu umgehen, ohne ihnen eine substanzielle und honorierte Funktion beim Medikationsmanagement zuzusichern. Er vertröstet die Apotheker auf die Fertigstellung der technischen Voraussetzungen für ein solches Management und damit auf ein vollkommen offenes Ergebnis. Es dürfte politisch sehr interpretationsfähig sein, wenn es später um seine Umsetzung geht – insbesondere in finanzieller Hinsicht. S. dazu Süß, Christoph: „Gröhe will Apotheker einbinden", in apotheke adhoc (Online-Ausgabe) vom 09.06.2015 im Internet unter http://www.apotheke-adhoc.de/nachrichten/politik/nachricht-detail-politik/groehe-lobt-apotheker-cdu-wirtschaftsrat-bundesgesundheitsminister/ (Abruf 10.06.2015). S. auch Ziegler, Juliane: „ABDA scheibt Medikationsplan-Paragraf um", in: Deutsche Apotheker Zeitung (Online-Ausgabe) vom 10.06.2015. Zum Medikationsmanagement als Kooperation zwischen Arzt und Apotheker gibt es derzeit bereits ein größeres Projekt. Es handelt sich um die Entwicklung der Kooperation Ärzte-Apotheker im Bereich Medikationsmanagement im Rahmen der Arzneimittelinitiative Sachsen Thüringen (ARMIN). Dies ist ein gemeinsames Modellprojekt der kassenärztlichen Vereinigungen und der Apothekerverbände der beiden Bundesländer. Es geht um die Verbesserung der Sicherheit von Arzneimitteltherapien, die Reduzierung von unerwünschten Wechsel- oder Nebenwirkungen bei der Medikation und die Optimierung des Medikationserfolges. Das Projekt läuft seit dem 1. Juli 2014 laut den daran beteiligten offiziellen Stellen positiv. Nach Informationen der sächsischen Apothekerkammer beteiligten sich 530 Ärzte und 900 Apotheker daran. Einige Medien berichten von einer Zurückhaltung bei der Ärzteschaft und einem langsameren Verlauf als erwartet. Außer den offiziellen positiven Bewertungen z.B. der Apothekerorganisationen liegt eine wissenschaftlich belastbare Evaluation des Projektes derzeit noch nicht vor. S. zu diesem Thema „Sächsischer Apothekertag: Beteiligte von ARMIN überzeugt" in Pharmazeutische Zeitung online vom 20. 04. 2015 (Internet: http://www.pharmazeutische-zeitung.de/index.php?id=57483 (Abruf 26.05.2015)); Klein, Lothar: „ARMIN kommt langsam voran" in DAZ online (Online-Dienst der Deutschen Apotheker Zeitung) vom 08.09.2014 (Internet: http://www.deutsche-apotheker-zeitung.de/politik/news/2014/09/08/armin-kommt-langsam-voran/13752.html (Abruf 26.05.2015)); „KV Sachsen sieht ARMIN auf Erfolgskurs", in DAZ online vom 10. 12. 2014

deuten auch die vergleichsweise geringfügigen Apothekenschließungen (netto) hin.[193] Es gibt auf Grund seit Jahren zwar zu viele Apotheken, die sich das begrenzte gesamtwirtschaftliche Volumen an der nachgefragten Menge – von den Ärzten bestimmt – teilen müssen. Die festen Preise halten bei den im internationalen Vergleich hohen Apothekenzuschlägen zu viele Betriebe auf dem Markt. Dies bedeutet aus volkswirtschaftlicher Sicht eine Fehlallokation der Ressource Apotheken und Apothekendienstleistungen. Fehlallokationen treten nicht zuletzt dann auf, wenn Preise reguliert (staatliche Intervention) oder abgesprochen werden (Kartellbildung).

2. Schätzungen des Umfanges der von einem Marktaustritt betroffenen suboptimalen Apotheken

Es werden durch die regulierten festen RX-Preise umsatzschwache und unrentable Apothekenunternehmen im Markt gehalten. Dies wird letztlich auch von den gesundheits- und apothekenpolitisch Verantwortlichen so gesehen.[194] Vor diesem Hintergrund werden von den Vertretern der Apothekerorganisationen regelmäßig von den politischen Entscheidungsträgern und den gesetzlichen

---

(Internet: http://www.deutsche-apotheker-zeitung.de/politik/news/2014/12/10/kv-sachsen-sieht-armin-auf-gutem-weg/14565.html „ARMIN. Arzneimittelinitiative Sachsen-Thüringen", Pressemitteilung der AOK für Sachsen und Thüringen, oD. (Internet: https://www.aokplus-online.de/presse/fokusthemen/arzneimittelinitiative-sachsen-thueringen/presseinfos/presseinfo-arzneimittelinitiative-sachsen-thueringen-armin-startet.html (Abruf 26.05.2015),

[193] S. dazu ABDA (Hg.): „Die Apotheke. Zahlen Daten Fakten 2013", Berlin o.J., S. 6, im Internet unter https://www.abda.de/fileadmin/assets/ZDF/ZDF_2013/ABDA_ZDF_2013_Brosch.pdf und ABDA (Hg.): „Die Apotheke. Zahlen. Daten. Fakten 2015, Berlin o.J., S. 8, im Internet unter http://www.abda.de/uploads/tx_news/ABDA_ZDF_2015_Brosch.pdf. (Abrufe 25.05.2015), Im Jahre 2013 ist die Zahl der Apotheken netto um 259 Betriebseinheiten gesunken (- 1,2 Prozent). Im Jahre betrug die Abnahme nur noch 221 Betriebseinheiten (-1,0 Prozent). Gemessen an der Zahl der umsatzschwachen Apotheken sind diese Schließungszahlen gering. Mit festen Preisen werden mehr unrentable Apotheken im Markt gehalten. S. dazu auch den Beitrag „Anmerkungen zur wirtschaftlichen Lage der Apotheken in Deutschland" in dieser Publikation.

[194] So ist etwa die Aussage zu interpretieren, dass angesichts der im Jahre 2014 erneut gesunkenen Apothekenzahl „Die flächendeckende Versorgung der Bevölkerung mit Arzneimitteln … derzeit dennoch nicht gefährdet [ist]." S. ABDA (Hg.): „Die Apotheke. Zahlen. Daten. Fakten. 2015", a.a.O., S. 8. S. dazu auch Äußerungen des Präsidenten der ABDA Friedemann Schmidt. Julia Pradel: „Schmidt glaubt nicht an kleine Apotheken", in apotheke adhoc (Online-Ausgabe), 10.05.2015. Im Internet unter http://www.apotheke-adhoc.de/nachrichten/nachricht-detail/pharmaziestudium-schmidt-apothekengruendung-lieber-zu-dritt/?L=0&cHash=282a3ed0ffb2fd5a210b8ee8db59259b&sword_list[]=zu&sword_list[]=viele&sword_list[]=kleine&sword_list (Abruf 12.06.2015).

Krankenversicherungen Anpassungen der Apothekenzuschläge und/oder eine Senkung des Apothekenrabattes gefordert.[195]

Bei der Prognose zukünftiger Apothekenschließung sind die Apothekenorganisationen verständlicherweise sehr zurückhaltend. Dies ist nicht nur aus politikwissenschaftlicher Sicht erklärbar. Fehlallokationen auf einem streng regulierten Markt festzustellen, führt zur Schwächung der eigenen Verhandlungsposition. Tatsächlich gilt aber auch, dass die Entwicklung der ökonomischen Rahmenbedingungen für den Betrieb einer Apotheke auf Grund der umfangreichen Datenbasis im Gesundheitsbereich zwar stabiler zu prognostizieren ist als auf anderen Märkten. Gleichwohl bleiben Unsicherheiten über die gesundheitspolitische Entwicklung oder die Entwicklungen im Bereich der pharmazeutischen Hersteller auf dem Weltmarkt. Hinzu kommt, dass es stets auch Unsicherheit im Hinblick auf die Ergebnisse der Verhandlungsprozesse zwischen den Kassen als den eigentlich zahlenden Kunden der Apotheken und den Apothekerorganisationen bzw. anderen Verhandlungsbeteiligten gibt.

Auch in der Wissenschaft besteht eine erklärbare und begründete Zurückhaltung bei der Schätzung der Entwicklungen im Apothekensystem. Gleichwohl gibt es Zahlen, die mehr oder weniger nachvollziehbar aus Analysen abgeleitet werden. Damit kann der Stützbereich von Schätzungen stabilisiert werden. Die trotzdem sehr geringe Zahl an Schätzungen über zukünftige Apothekenschließungen basieren im Wesentlichen auf der identifizierbaren Zahl an umsatzschwachen Apotheken mit einer suboptimalen Betriebsgröße oder einem unterdurchschnittlichen Nachfrageaufkommen. Bei diesen Betrieben wird angenommen, dass sie sich auf Dauer nicht am Markt halten können.

So kommt der wissenschaftliche Experte für Regional- und Raumforschung Stefan Neumeier vom Thünen-Institut im

---

[195] Vgl. dazu z.B. „Preis warnt vor Apothekenschließungen", in apotheke adhoc (Online) vom 04.09.2014 (Internet: http://www.apotheke-adhoc.de/nachrichten/nachricht-detail/apothekerverband-nordrhein-thomas-preis-honorar-retax-medikationsmanagement/?tx_ttnews[sViewPointer]=1&cHash=a477b568b363207da2684c779a363da0 (Abruf 26.05.2015)).

Zusammenhang mit seinen Untersuchungen zur Erreichbarkeit öffentlicher Apotheken zu dem Ergebnis, dass etwa 44 Prozent der Apotheken in allen Teilräumen Deutschlands durch ein unterdurchschnittliches Kundenpotenzial gefährdet sind. Das wären etwa 9.000 Betriebseinheiten.[196] Sie können auf Grund der räumlichen Entfernung und der Erreichbarkeit der Apotheke auf Dauer nicht mit der erforderlichen Durchschnittsmenge an potentiellen Kunden (Einwohnerzahl) rechnen. Diese hohe Zahl an Apotheken bedeutet jedoch nicht, dass die Betriebe mittelfristig aus dem Marktgeschehen ausscheiden. Sie bleiben allerdings mit dem unterdurchschnittlichen Kundenpotential suboptimale Apotheken. Ihre Wirtschaftlichkeit und Investitionskraft ist auf Dauer begrenzt. Der Gewinn reicht i.d.R. nur als Entgelt für das unternehmerische Handeln des Apothekers (Unternehmerlohn).

Justus Haucap et al. schätzen auf Grund eigener Befragungen von Apotheken, „… dass etwa 3.000 Einwohner eine Apotheke frequentieren müssen, damit die Apotheke wirtschaftlich geführt werden kann".[197] Wenn davon auszugehen ist, dass Haucap et al. diese Befragung im Jahre 2011 durchgeführt haben, entfielen 2011 bei einem gesamtwirtschaftlichen RX-Umsatz von 32,5 Milliarden € auf einen Einwohner in Deutschland knapp 405 € RX-Ausgaben. Bei 3000 Einwohnern würde dies 1,215 Million RX-Umsatz und 1,528 Million € Gesamtumsatz[198] betragen, der rechnerisch auf diese „gerade noch wirtschaftliche Apotheke" entfiele.[199] Nach der vom Statistischen

---

[196] S. Neumeier, Stefan: „Modellierung der Erreichbarkeit öffentlicher Apotheken", Thünen Working Paper 14, Thünen-Institut für ländliche Räume, Braunschweig 2013, S. 44. Im Internet unter http://literatur.ti.bund.de/digbib_extern/dn052778.pdf (Abruf 25.05.2015). S. 50 ff. Dabei zeigt Neumeier auf, dass es Übersetzung von regionalen Teilmärkten mit Apotheken überall gibt und nicht auf bestimmte Teilräume beschränkt ist. Es kommt in seiner Analyse darauf an, ob im Raum um die Apotheke und in einer erreichbaren Entfernung genügend Einwohner als Kundenpotential leben. Viele andere Autoren sehen die Übersetzung als Stadt-Land-Problematik. Hier, in der Stadt zu viele, dort auf dem Land zu wenige Apotheke. Das greift zu kurz, insbesondere wenn in die Analyse zusätzlich auch die Ärzte und deren Verteilung im Raum einbezogen werden.
[197] S. Coenen, Michael; Haucap, Justus; Herr Annika, Kuchinke, Björn A.: „Wettbewerbspotenziale im deutschen Apothekenmarkt", in: Ordnungspolitische Perspektiven (Düsseldorfer Institt für Wettbewerbsökonomie), Heft Nr. 17, Juli 2011 S. 25 (Einzelheiten dieser Befragung sind dort nicht dargestellt.) Veröffentlicht im Internet unter http://www.dice.hhu.de/fileadmin/redaktion/Fakultaeten/Wirtschaftswissenschaftliche_Fakultaet/DICE/Ordnungspolitische_Perspektiven/017_OP_Coenen_Haucap_Herr_Kuchinke.pdf (Abruf 26.05.2015)
[198] Bei 6 Prozent Anteil Gewinn vor Steuern am Umsatz ergäbe sich ein Betriebsergebnis von 99.000 € vor Steuern, bei 8 Prozent ein Betriebsergebnis von 122.240 €.
[199] Eine Berechnung des Umsatzes aus der Veröffentlichung ABDA (Hg.): „Die Apotheke. Zahlen Daten Fakten 2011", Berlin o.J. (Internet: http://www.abda.de/fileadmin/assets/ZDF/ZDF_2011/ABDA_ZDF_2011_Brosch.pdf

Bundesamt veröffentlichten Statistik der umsatzsteuerpflichtigen Apotheken lagen im Jahre rund 8.600 Apotheken in Umsatzgrößengruppen in und unterhalb der Gruppe „1 Million bis unter 2 Million".[200] Das entspräche in etwa der von Neumeier ermittelten Größenordnung an „Apotheken mit unterdurchschnittlichem Kundenpotential" (9.000 Betriebseinheiten). Diese Kategorie Neumeiers korrespondiert mit dem Begriff des „unwirtschaftlichen Führens" einer Apotheke mit weniger als 3000 Einwohnern bei Haucap.[201]

Auch die Zahl von 8.600 Betrieben, die auf der Basis der Erkenntnis aus der empirischen Untersuchung von Haucap beruht, ist derzeit keine realistische Größenordnung für ein mittelfristiges Ausscheiden aus dem Markt. Die Apotheken in diesem Bereich sind zwar suboptimal, investitionsschwach und verursachen volkswirtschaftliche Kosten. Sie können sich aber zum großen Teil noch mittel- bis langfristig am Markt halten. Eine kritische Grenze für die Überlegung des Apothekers, ob er sein Unternehmen weiterführt, könnte mit der hier vertretenen Theorie des Äquivalenzeinkommens beurteilt werden. Danach würde der Apotheker als Unternehmer dann eine Überlegung „Selbständigkeit fortführen oder Aufgabe der Apotheke und Übergang in ein Angestelltenverhältnis" anstellen, wenn sein

---

(Abruf 26.05.2015)) ergab bei 21.238 Apotheken (S. 7) und einem gesamtwirtschaftlichen RX-Umsatz von 32,5 Milliarden € (S. 28) einen durchschnittlichen RX-Umsatz je Apotheke von 1,53 Million € (Durchschnittsapotheke). Da der RX-Umsatz 79,5 Prozent des Gesamtumsatzes ausmachte (S. 28), betrug dieser gut 1,92 Million € je Durchschnittsapotheke.

[200] Statistisches Bundesamt, Website Gesundheitsberichterstattung des Bundes (gbe-bund.de): Startseite>Gesundheitsversorgung>Beschäftigte und Einrichtungen der Gesundheitsversorgung >Apotheken und Apotheker, Tabelle „Umsatzsteuerpflichtige Apotheken (Anzahl und Gesamtumsatz in 1000 €) Gliederungsmerkmale: Jahre, Deutschland, Umsatzgrößengruppen". Die Zahlen entstammen der Umsatzsteuerstatistik der Finanzverwaltung. (Im Internet https://www.gbe-bund.de/oowa921-install/servlet/oowa/aw92/dboowasys921.xwdevkit/xwd_init?gbe.isgbetol/xs_start_neu/&p_aid=3&p_aid=27282430&nummer=16&p_sprache=D&p_indsp=-&p_aid=62122973 (Abruf 26.05.2015)). Die Zahl der relevanten Apotheken geht aus der Größenklasse „1 Million bis unter 2 Million) nicht hervor. Deshalb wurde von einer Gleichverteilung ausgegangen und die Hälfte der dort ausgewiesenen Apotheken in die Summe einbezogen. Dies Verfahren bietet sich an, da die nächsthöhere Größengruppe mehr Apotheken enthält als die nächstniedrigere. Da die Anzahl der Apotheken in den untersten Umsatzgrößengruppen aus Geheimhaltungsgründen nicht ausgewiesen wird, könnte die Zahl von rund 8.600 Apotheken überschritten werden. Werden die Umsatzgrößenklassen der ABDA von 2011 zugrunde gelegt, ergibt sich eine deutlich höhere Zahl von 11.744 Apotheken. Der Anteil der Apotheken in den ausgewiesenen Umsatzgrößenklassen in und unter der Größenklasse „1.25 Million bis unter 1,50 Million €" beträgt 55,3 Prozent. Zahlen aus ABDA (Hg.): „Die Apotheke. Zahlen Daten Fakten 2011", a.a.O., S. 27.

[201] Wie weiter unten noch darzustellen sein wird, gehen Haucap et al. bei ihren Modellrechnung zur flexibleren Gestaltung der RX-Preise (Apothekentaxe, s.u.) von eine Zahl von 500 bzw. 1.000 Apotheken aus, die bei der Einführung der Apothekentaxe aus dem Marktgeschehen austreten. Hierbe handelt es sich um eine Modellannahme.

Gewinn nach Abzug von Steuern und Aufwendungen für die soziale Sicherung auf Dauer das Äquivalent des Gehaltes eines angestellten Apothekers ist. Das wäre eine Größenordnung von etwa 40.000 bis 55.000 € jährlich.[202] Diese Grenzen werden bei einem Umsatz von etwa 0,62 bis 0,85 Million € erreicht. Nach der Statistik der Apotheken-Umsatzgrößenklassen auf der Basis der Umsatzzahlen der Finanzverwaltung 2011 würden sich aus diesen Beträgen etwa 2.500 bis 4.000 Betriebe ergeben. Diese Apotheker erwirtschaften trotz der unternehmerischen Belastungen und der Belastungen durch die Selbständigkeit lediglich ein mehr oder weniger hohes Angestellteneinkommen. Das bedeutet aber nicht, dass sie unmittelbar aus dem Markt ausscheiden. Diese Entscheidung hängt auch und insbesondere davon ab, ob sich für den ausscheidenden Apothekenunternehmer eine berufliche Alternative bietet.

Die Zahl von 4.000 korrespondiert mit der Schätzung des Direktors Gesundheitsmärkte bei der Deutschen Apotheker- und Ärztebank, Georg Heßbrügge.[203] Er geht von 20 bis 25 Prozent der Betriebe aus, deren Überschuss aus wirtschaftlicher Sicht zu gering ist. Das würde bei der Apothekenzahl von 20.441 bedeuten, dass etwa 4.000 bis 5.000 Betriebe unwirtschaftlich geführt werden. Nicht alle werden jedoch aus dem Marktgeschehen ausscheiden. Heßbrügge geht konkret nur von 1000 bis 1500 Apothekenschließungen innerhalb der nächsten fünf

---

[202] Marginalapotheke wird hier eine Apotheke verstanden, deren Rendite langfristig niedriger liegt als die Verzinsung des eingesetzten Kapitals am Kapitalmarkt oder deren Gewinn längerfristig niedriger liegt als das Durchschnittseinkommen eines angestellten Apothekers. Dann lohnen sich die Übernahme der unternehmerischen Verantwortung bzw. die Kosten der Selbständigkeit nicht mehr. Nach Angaben der Treuhand verdiente ein angestellter approbierter Apotheker in den alten Bundesländern ab dem 11. Berufsjahr maximal 4.574 € monatlich. Das Gehalt nach Tarif betrug für denselben 3.908 € (ab. 01.07.2014). Legt man das maximale Gehalt (12 Monate) zugrunde, müsste der Jahresgewinn eines selbständigen Apothekers rund 55.000 € betragen. Vgl. dazu : Treuhand Hannover (Hg.) „Die Apotheke in Zahlen 2014", (Faltblatt) Hannover o.J. Die Zahlen zur Wirtschaftslage und zum Personal der Apotheken beziehen sich auf 2013. Im Internet unter https://www.treuhand-hannover.de/fileadmin/content/Broschueren/Treuhand_Apotheke-in-Zahlen-2014.pdf (Abruf 12.05.2015).

[203] S. das Interview des Direktors Gesundheitsmärkte- und politik bei der Deutschen Apotheker- und Ärztebank, Georg Heßbrügge mit der Fachzeitung apotheke adhoc: „Jede fünfte Apotheke macht keinen Spaß" in: Apotheke adhoc, Online-Ausgabe vom 5. Februar 2015, das Interview führte Julia Pradel. (Im Internet http://www.apotheke-adhoc.de/nachrichten/apothekenpraxis/nachricht-detail-apothekenpraxis/interview-georg-hessbruegge-apobank-apotheken-selbststaendige-umsatz/ (Abruf 24.05.2015). Georg Heßbrügge weist nicht nur darauf hin, dass 20 bis 25 Prozent der Apothekenbetrieb einen Überschuss haben, der aus wirtschaftlicher Sicht zu gering ist. Er schätzt zudem, dass die Zahl der Apothekenbetriebe weiter zurückgeht, mehr Filialen gegründet werden, und dabei die Zahl der Apothekenunternehmen (Haupt- und Filialbetriebe als eine Einheit) auf 14.000 wirtschaftlich selbständige Apotheken zurückgeht. Das konkrete Schließungspotential bei den Betrieben beziffert er auf 1000 bis 1500 Apotheken bis 2020.

Jahre aus. Die Zahl 1.000 entspricht der Zahl der in den letzten fünf Jahren zwischen 2010 und 2104 netto ausgeschiedenen Apotheken (1.035 Betriebe, im Durchschnitt gut 200 pro Jahr).

Aus diesen Berechnungen, Plausibilitätsüberlegungen und Schätzungen insgesamt ergibt sich eine realistische Zahl von 1.000 (5 Prozent) bis 2.500 (12 Prozent) an suboptimalen Apothekenbetrieben, deren mittelfristige wirtschaftliche Perspektive nicht auf ein Verbleiben bzw. Überleben im Markt oder gar auf Wachstum hindeutet. Werden Diese Apotheken liegen in den Umsatzgrößenklassen bis unter 1 Million € Umsatz. Durch ihr Verbleiben am Markt als Ergebnis der subventionierten Festpreise bzw. der RX-Apothekenzuschläge verursachen sie volkswirtschaftliche Kosten in Höhe der Differenz zwischen dem Festpreis und einem niedriger liegenden tatsächlichen Marktpreis, der sich aus einem Preiswettbewerb zwischen Apotheken ergeben würde. Bei einer optimalen Allokation der Apotheken müssten sie aus dem Marktgeschehen austreten. Ob ein Ausscheiden in der genannten geringen Größenordnung jedoch die Perspektiven der weiter existierenden Unternehmen verbessern würde, ist zu bezweifeln. Zwar könnte durch den Marktaustritt das RX-Nachfragevolumen umverteilt werden. Lebt man für eine Umverteilungsrechnung die Zahlen des Jahres 2014 zugrunde, würden nach Ausscheiden von 2.500 Betrieben etwa 17.500 übrig bleiben. Der RX-Umsatz im Durchschnitt je Apotheke könnte allenfalls auf 2,2 Million, der Gesamtumsatz auf 2,6 Million und der Gewinn vor Steuern auf 0,156 Million steigen (bei 6 Prozent Gewinnquote). Ob die Durchschnittsapotheke mit diesen Zahlen nachhaltige Investitionen oder eine moderne zur Distribution in der Fläche zu finanzieren in der Lage wäre, erscheint unwahrscheinlich.

3. Die Frage der optimalen Allokation der Apotheken im Raum in wirtschaftswissenschaftlichen Beiträgen

3.1 Das Modell der Apothekentaxe der Monopolkommission in der Ausdifferenzierung nach Coenen, Haucap et al.

Auf die volkswirtschaftlichen Kosten und die Fehlallokationen, die durch das rigide RX-Festpreissystem verursacht werden, hat eine Reihe von wirtschaftswissenschaftlichen Autoren hingewiesen. Prominent haben Michael Coenen, Justus Haucap et al. in ihrer Studie „Wettbewerbspotenziale im deutschen Apothekenmarkt" vom Jahre 2011 signifikante Wettbewerbsdefizite im deutschen Apothekensystem festgestellt.[204] Dabei kommen sie nach einer umfassenden Beschreibung und Analyse der Verhältnisse und der Regulierungen auf dem Apothekenmarkt insbesondere zu dem Ergebnis, dass bei dem gegenwärtig geregelten Preisbildungssystem die Stationierungsentscheidung eines Apothekers eher Ballungsräume statt ländliche Regionen präferiert. Dabei spielt der Anteil der Über-65-Jährigen in der jeweils betrachteten Gebietseinheit sowie die dort vorhandene Ärztedichte eine bedeutende Rolle.[205] Die Autoren kritisieren im Zusammenhang mit der aus ihrer Sicht nicht optimalen Allokation von Apotheken, dass es zu wenige unmittelbare finanzielle Anreize für Apotheker gibt. Wettbewerb zwischen den Apothekenunternehmen findet zwar durch die Standortentscheidungen statt (s.o.).[206] Der Preis auch als regionales Steuerungsinstrument und der Optimierung der Distribution von Arzneimitteln im Raum spielt im deutschen RX-Distributionssystem keine Rolle. Daraus entsteht das von den Autoren identifizierte Ungleichgewicht der Apothekenzahl zwischen Ballungsraum und ländlicher Region.

---

[204] Coenen, Michael; Haucap, Justus; Herr Annika, Kuchinke, Björn A.: „Wettbewerbspotenziale im deutschen Apothekenmarkt", a.a.O.
[205] Ibid., S. 25 f.
[206] Ibid., S. 13 ff.

Als Lösung des Allokationsproblems werden im Hinblick auf eine Stärkung des Wettbewerbs zwei Modelle diskutiert: (a) das Selektivvertragsmodell und (b) das Modell einer Apothekentaxe. Zu (a): Beim Modell des Selektivvertrages zwischen der Krankenversicherung wird seitens der Autoren bezweifelt, ob das Dienstleistungsangebot von Apotheken „gut in einem selektivvertraglichen Kontext aufgehoben ist." Ein solcher Vertrag sei im Hinblick auf die individuellen Bedürfnisse des Patienten auch in den Regionen nur schwer zu gestalten. Dabei wird nicht zuletzt auf die Funktion des Apothekers bei der individuellen Kundenberatung abgestellt.[207]

Beim Modell (b) der Apothekentaxe greifen die Autoren einen Vorschlag der Monopolkommission auf, bei dem die derzeit geltende Regelung der Zuzahlung des Patienten zu den Arzneimittelkosten nach § 61 SGB V abgeschafft würde.[208] Die jeweilige Einzelleistung des Apothekers, etwa bei der Beratung oder bei einer Lieferung zum Patienten, hätte dann der Verbraucher an Stelle der bisherigen Zuzahlung selbst zu vergüten.[209] Die Höhe des limitierten Preisbestandteiles kann der Apotheker selbst bestimmen und für einen begrenzten Preiswettbewerb nutzen. Eine Apothekentaxe zwischen 0 und 10 € ersetzt so die Zuzahlung und

---

[207] Ibid., S. 28 f.

[208] Nach § 61 SGB V betragen Zuzahlungen, die der Versicherte zu leisten hat, 10 Prozent vom Abgabepreis, mindesten 5 € und höchstens 10 €. Dies bedeutet, dass die Zuzahlung im Rahmen 5 bis 10 € der gefühlte Preis des Patienten ist. Ein Preiswettbewerb zwischen den Apotheken wäre bei geltendem Recht im Wesentlichen durch den Höchstbetrag begrenzt. Eine Verbesserung der Allokationsfunktion des Preises könnte allerdings durch die Erweiterung der Spanne erreicht werden.

[209] Coenen, Michael; Haucap, Justus et al., a.a.O., S. 29 ff. S. auch Monopolkommission: „Mehr Wettbewerb auch im Dienstleistungssektor!", hier zitiert nach der Drucksache des Deutschen Bundestages: „Sechzehntes Hauptgutachten der Monopolkommission 2004/2005" Deutscher Bundestag. Drucksache 16/2460 vom 25.08. 2006. Die Monopolkommission hat das von Coenen, Haucap et al. aufgegriffene Modell erstmalig in diesem Hauptgutachten XVI von 2006 vorgeschlagen. Zwar räumte sie dort ein, dass eine „...Freigabe der Preise für verschreibungspflichtige Arzneimittel [...] unter den momentan geltenden Regelungen nicht sinnvoll [wäre]". Allerdings bestehe angesichts der Arzneimittelkostenübernahme durch die Krankenkassen kein Anreiz für den Patienten, eine besonders günstige Apotheke zu suchen (S. 418, Ziffer 1166). Daher prüfte die Monopolkommission neben einem Selektivvertragsmodell, eine am System des Preiswettbewerbes orientierte Lösung. In der Größenordnung der Zuzahlung des Patienten nach § 61 SGB V. Der Patient soll in der Lage sein, durch Nutzung einer günstig anbietenden Apotheke seinen Beitrag zur Finanzierung des Arzneimittels zu senken (S.419, Ziffer 1170). Dabei wird die Zuzahlung abgeschafft. Dafür hat der Patient dem Apotheker eine apothekenindividuelle Pauschale zu zahlen. Diese kann der Apotheker variieren und für den Preiswettbewerb nutzen (S. 149, Ziffer 1171 ff.). Die Monopolkommission hat diesen Vorschlag in ihrem Hauptgutachten XVIII von 2010erneut aufgegriffen. S. Monopolkommission: „Mehr Wettbewerb, wenig Ausnahmen", hier zitiert nach der Drucksache des Deutschen Bundestages: „Achtzehntes Hauptgutachten der Monopolkommission 2008/2009" Deutscher Bundestag Drucksache 17/2600 vom 22. 07. 2010, S. 59 ff. Ziffer 46 ff.

würde individueller Wettbewerbsparameter des Apothekers: „Die Apothekentaxe stärkt den Wettbewerb zwischen den Apotheken und stellt den Apotheken einen Preis für die Leistung als Wettbewerbsparameter zur Verfügung".[210]

Die Autoren rechnen auf dieser Basis drei Szenarien für die Wettbewerbswirkungen auf dem Apothekenmarkt durch. Dabei unterstellen sie, dass je nach Szenario 500 bis 1000 Apotheken durch den via Apothekentaxe erzeugten Konkurrenzdruck aus dem Markt ausscheiden müssen.[211] Die Autoren kommen auf Grund ihrer Überlegungen zu dem Ergebnis, dass sich durch das Modell bzw. das Ausscheiden von Apotheken Effizienzgewinne zugunsten der Verbraucher und der Kassen generieren lassen. Sie beantworten allerdings nicht die Frage, ob und wie sich durch den gesteigerten Wettbewerb auch die Lage der auf dem Markt verbleibenden Apotheker verbessert.[212]

Ein wesentliches Ergebnis der Autoren, die mit der weiter unten dargestellten Erkenntnis von Daniel Horvath korrespondiert, ist die Aussage im Hinblick auf die Allokationswirkungen hinsichtlich der Verteilung der Apotheken im Raum. Die bei RX-Preiswettbewerb schließenden Apotheken sind tendenziell kleiner als die durchschnittlichen und liegen aus Sicht der Autoren in wettbewerbsintensiven Ballungsräumen mit weniger älteren Menschen.[213] Apotheken in peripheren oder ländlichen Regionen mit einem größeren Einzugsbereich sind nicht gefährdet. Sie werden eher gestärkt.[214] Als Fazit stellen die Autoren fest: „Das vorgeschlagene Modell einer Apothekentaxe eröffnet einen Weg zu mehr Apothekenwettbewerb mit einer relativ geringen

---

[210] Ibid., S. 33
[211] Ibid., S. 35 ff.
[212] Ibid., S. 37. Im Hinblick auf die ökonomische Lage der Apotheken bleiben die Autoren sehr im Vagen.
[213] Dieses Ergebnis ist nach den Erkenntnissen des Beitrages „Die Ärzte als Determinante für die Steuerung und Gewährleistung der flächendeckenden Arzneimittelversorgung und die Distributionsfunktion der Apotheken im Raum" in dieser Publikation zu differenzieren. Ein zu hohe Apothekenzahl bzw. eine niedrige Apothekenzahl ist in allen Raumtypen zu beobachten und kann nicht auf eine Stadt-Land-Problematik reduziert werden.
[214] Coenen, Michael; Haucap, Justus; Herr Annika, Kuchinke, Björn A.: „Wettbewerbspotenziale im deutschen Apothekenmarkt", a.a.O.
S. 37, S.41 und passim

Eingriffstiefe des Gesetzgebers. Wesentlicher Vorteil des entwickelten Vorschlages ist, dass der Wettbewerb zwischen Apotheken dort besonders intensiv wird, wo tendenziell eine Überversorgung mit Apotheken besteht. Hingegen kann eine Landapotheke durchaus eine höhere Apothekentaxe nehmen und so ihr Überleben besser sichern. Somit entstehen Anreize, gerade dort Apotheken zu eröffnen, wo die Apothekendichte gering ist. In Regionen wo ein hoher Wettbewerb herrscht, wo es schon viele Apotheken gibt und zum Teil eine ineffizient hohe besteht, welche letzten Endes die Versichertengemeinschaft finanzieren muss, werden Apotheken schließen."[215]

3.2 Der Beitrag von Daniel Horvat

Daniel Horvath hat im Jahre 2010 mit seiner Dissertation „Die regulierte Apothekenversorgung in Deutschland" eine z. T. empirisch basierte und sehr detaillierte Modellanalyse vorgelegt. U.a. wurde ein Teilmodell erarbeitet, mit der die Apothekenzahl ohne jede Preisregulierung, d.h. unter Einbezug eines völlig freien Preiswettbewerbes zwischen Apotheken, untersucht wurde.[216] Bei freiem Preis- und Qualitätswettbewerb zwischen den Apotheken spielen die Transportkosten des Kunden und seine Qualitätspräferenz eine wichtige Rolle. Je höher die Kosten zur Überbrückung von Entfernungen zwischen den Apotheken sind, desto höher ist die Zahl der Apotheken zu Lasten des Qualitätsniveaus. Bei festen Arzneimittelpreisen und hohen Transport- und Zeitkosten lohnt sich der Weg zu einer qualitativ besseren Apotheke nicht. Das Produkt ist zu demselben Preis auch in der Apotheke „nebenan" mit mäßiger Ausstattung und Beratung erhältlich. Der Weg dorthin spart Zeit und Geld. Auch dicht benachbarte kleine Apotheken werden so durch die Existenz von

---

[215] Ibid., S.42

[216] Horvath, Daniel. „Die regulierte Apothekenversorgung in Deutschland. Eine Analyse der Regulierungsursachen und des Versorgungsgrades auf Basis räumlicher Wettbewerbsmodelle", (Wirtschaftswissenschaftliche Dissertation an der Universität Duisburg-Essen), Essen 2010. Im Internet veröffentlicht unter http://d-nb.info/1004434383/34 (Abruf 11.04.2015). Horvath untersucht den völlig ungebundenen Preiswettbewerb, d.h. ohne Fest-, Höchst oder Mindestpreise.

Transportkosten und einen hohen RX-Preis am Leben gehalten. So wählen bei hoher Einwohnerzahl, Einwohnerverdichtung und festem Arzneimittelpreis zu viele Apotheken ihren Standort in diesem Raum. Da der feste Preis in der nahen Apotheke derselbe ist wie in der etwas weiter entfernten, lohnt sich die Mühe nicht, in der letzteren zu kaufen. Eine auch kleine suboptimale Apotheke lebt vom festen Kundenstamm der Umgebung.

Ein niedrigerer Preis im Wettbewerb der Apotheken ändert diese Situation grundlegend. Der Weg zur etwas weiter entfernten preisgünstigeren Apotheke macht sich jetzt bezahlt. Neben den Transportkosten spielt bei dem Prozess der preisinduzierten Neuorientierung auch die Präferenz des Kunden für die Qualität eine Rolle.[217] Ist der Weg in peripheren bzw. weniger dicht besiedelten Regionen mit erheblich voneinander entfernten Apotheken allerdings immer noch so weit, dass die Transport- und Opportunitätskosten höher sind als die Ersparnis, bleibt der Kunde bei seiner alten teuren und vielleicht qualitativ weniger anmutenden Apotheke. Ein Grund für dieses Ergebnis ist, dass Apotheken die variablen Entfernungskosten des Kunden in den nunmehr flexiblen Preis einrechnen können. Ein Kunde bleibt seiner für ihn günstiger gelegenen Apotheke treu, wenn er höhere Transportkosten bis zur nächsten Apotheke mit einem niedrigeren Preis hat. Seine alte Apotheke bindet ihn mit einem im Hinblick auf den Weg zur nächsten Apotheke optimierten Preis. Je weiter die Distanzen, desto höher wird der Preis der Apotheken etwa im ländlichen Raum sein.

Damit resultiert aus diesem Modell, dass freie RX-Arzneimittelpreise die Apotheke (nicht nur) in ländlichen Räumen stärken.[218] Sie kann auf Grund höherer Transportkosten des Kunden und seiner räumlichen Präferenz tendenziell höhere Preise realisieren. Des Weiteren ergibt sich aus der Modellanalyse Horvaths, dass es bei einer exogenen Vorgabe der Preise

---

[217] Ibid., S. 113 f.
[218] Horvath bezieht das Modell zwar auf die Stadt-Land-Betrachtung. Auf Grund der Erkenntnisse von Neumeier gilt das aber für alle Raumtypen mit einer entsprechenden Problematik (S. o. Fußnote 39)

(Festpreise) im Gegensatz zum freien Wettbewerb zu einer höheren Anzahl von Apotheken kommt.[219] Damit folgt aus der umfassenden modelltheoretischen wie auch empirischen Analyse des Autors, dass die einheitliche Preissetzung für Apotheken in Deutschland dazu führt, „…dass dort mehr Apotheken vorhanden sind, wo die Einwohner auf engem Raum leben (Städte) und daher geringe Transportkosten haben. Aus dieser Perspektive hat die einheitliche Arzneimittelvergütung in Deutschland eine aus gesellschaftlicher Sicht ggf. nicht gewollte Wirkung auf die regionale Versorgung."[220] Verallgemeinert man Horvaths Erkenntnisse, so würde bei gegebener Arztversorgung ein Preiswettbewerb die Apotheken dorthin lenken, wo ein größerer Bedarf besteht. Flexible RX-Preise wirken auf eine optimale Allokation der Apotheken im Raum hin.

3.3 Der Beitrag des Sachverständigenrates zur Begutachtung der Entwicklung im Gesundheitswesen

Der Sachverständigenrat zur Begutachtung der Entwicklung im Gesundheitswesen hat sich in seinem Gutachten 2014 kritisch mit der Arzneimitteldistribution und der Lage des deutschen Apothekensystems auseinandergesetzt.[221] Diskutiert wird die Implementation eines Preiswettbewerbs bei verschreibungspflichtigen Medikamenten mit Hilfe der Einführung apothekenindividueller Handelsspannen.[222]

Wie die Monopolkommission erkennt der Sachverständigenrat, dass im derzeitigen RX-Festpreissystem der Versicherte bzw. Patient weder einen Anreiz zum Aufsuchen einer günstigeren Apotheke hat, noch der Preis- oder Qualitätswettbewerb für den wirtschaftlichen Erfolg des Apothekers eine Rolle spielt. Er weist darauf hin, dass "Angesichts des im quantitativ dominanten

---

[219] Ibid., S. 115 f.
[220] Ibid., S. 194. Dieser Grundgedanke wird auch an anderen Stellen der Arbeit diskutiert.
[221] Sachverständigenrat zur Begutachtung der Entwicklung im Gesundheitswesen: Gutachten 2014, a.a.O., Abschnitt 2.4 „Die Arzneimitteldistribution", S. 119 ff., Ziffern 89 ff.
[222] Ibid., S. 120, Ziffer 90

Marktsegment der verschreibungspflichtigen Arzneimittel völlig fehlenden Preiswettbewerbs ... Apotheken, die nach einer effizienteren Produktionsweise streben, solche mit einer suboptimalen Betriebsgröße nicht vom Markt drängen [können]." Die Folge ist eine „nicht hinreichend effiziente und effektive Arzneimitteldistribution".[223]

Diesen Fehlentwicklungen kann ein Preiswettbewerb gegensteuern und für eine effiziente Allokation auch durch eine Marktbereinigung sorgen.[224] Dieser Preiswettbewerb ist durch zu Zulassung von apothekenindividuellen Handelsspannen realisierbar. Gesetzlich reguliert wird kein Festpreis mehr, sondern eine einheitliche Apothekenfestspanne. Die Bestandteile dieser Spanne sind Kostenelemente (Vertrieb, Beratung, Lagerhaltung) und der Entgelt für die unternehmerische Leistung des Apothekers. Für die Apotheken ist diese Apothekenfestspanne der Apothekenzuschlag auf den Herstellerabgabepreis. Zusammen machen die beiden Bestandteile den RX-Apothekenverkaufspreis (RX-AVP) aus, auf den noch die Mehrwertsteuer aufgeschlagen wird. Die Krankenkasse zahlt diesen RX-AVP + MWSt. Die Apotheken sollen nun ihre apothekenindividuelle Handelsspanne frei bestimmen können, unabhängig von der Festspanne. Sie sind frei in der Preiskalkulation und so in der Lage, die individuelle Kostensituation, ihre Nachfragelage oder die Gewinnplanung in ihrer individuellen Handelsspanne zu berücksichtigen. Dazu gehört auch die Bewertung ihrer Wettbewerbsposition auf dem relevanten regionalen Markt. Angenommen, die apothekenindividuelle Handelsspanne liegt unter der Apothekenfestspanne und der RX-AVP ist damit niedriger als bei den Wettbewerbern, die die volle Apothekenfestspanne auf den Herstellerabgabepreis aufschlagen. Dann werden mehr Patienten bei dem günstigeren Apotheker einkaufen. Er kann ceteris paribus seinen Gewinn durch vermehrte Nachfrage steigern. Je nach Marktlage ist es auch denkbar, dass das Gewinnmaximum bei einer

---

[223] Ibid., S. 121 f., Ziffer 91
[224] S. zu dem Folgenden Ibid., 122 f., Ziffer 92

höheren individuellen Spanne als der Apothekenfestspanne liegt. Für den Patienten bedeutet das, dass die Krankenkasse nur den Herstellerabgabepreis plus Apothekenfestspanne zahlt. Bei einer höheren individuellen Handelsspanne der Apotheke muss er zuzahlen.[225] Da er dazu i.d.R. nicht bereit sein wird, wirkt das System faktisch wie ein Höchstpreissystem. Der für die Krankenversicherung relevante Höchstpreis ist der Herstellerabgabepreis plus die Apothekenfestspanne.

Der durch dieses System induzierte Preiswettbewerb wird wie bei den anderen Modellen dazu führen, dass weiter voneinander entfernte Apotheken einen höheren Preis am Markt durchsetzen können als benachbarte Unternehmen. Bei einer regionalen Überbesetzung mit Apotheken wird es regionale Marktaus-, in unterversorgten Räumen Markteintritte geben. Zwar befürchtet der Sachverständigenrat in Regionen mit geringer Apothekendichte, dass Apotheken mit einer Monopolstellung hohe monopolistische individuelle Handelsspannen bzw. monopolistische RX-Apothekenverkaufspreise setzen.[226] Bei einem freien Marktzugang und im Hinblick auf die Betriebsgrößen sowie der Möglichkeit des Versandhandels werden derartige monopolistische Versuch nicht von großer Wirkung bleiben.

3.4 Bewertung

Die drei hier dargestellten Arbeiten kommen auf unterschiedlichem Wege zu demselben Ergebnis: Ein RX-Preiswettbewerb würde Disparitäten bei der Verteilung der Apotheken im Raum ausgleichen. Gleichzeitig würde der Markt durch eine Flexibilisierung der RX-Preise - wenigstens im Rahmen

---

[225] Ibid., S. 122 f., Ziffer 92. Der Vorschlag des Sachverständigenrates unterscheidet sich von dem Modell der Apothekentaxe u.a. durch die Beibehaltung der Selbstbeteiligung des Patienten bei Coenen, Haucap et al. (sowie Monopolkommission). Auch ist bei letzteren Autoren die Spanne der Zuzahlung beibehalten. Das Modell des Sachverständigenrates ist flexibler und gibt den Apothekern einen flexibleren Wettbewerbsparameter an die Hand.
[226] Ibid., S. 123, Ziffer 92.

eines Höchstpreissystems - bei vorgegebenem ärztlichem Verordnungsvolumen auch die Zahl der Apotheken sowie deren Betriebsgröße adjustieren. Durch die Einführung insbesondere des Systems des Sachverständigenrates könnte die bisher durch die festen Preise verhinderte optimale Allokation der Apotheken im Raum initiiert werden.

Kritisch ist im Hinblick auf die dargestellten Beiträge anzumerken, dass sie die Rolle der Ärzte bei der Steuerung der Arzneimittelversorgung und damit der Apotheken nicht zentral in die Analysen einbezogen haben. Hinweise auf deren Bedeutung für die Standortwahl einer Apotheke oder eine Berücksichtigung nur als Variable in einer Korrelationsrechnung greifen zu kurz. Der Standort des Arztes bestimmt den Standort der Apotheke – nicht umgekehrt. Der Arzt gibt mit der Verordnung die RX-Nachfragemenge und den Umsatz der Apotheke vor. Für den Apotheker sind dies Erwartungsparameter. Der Arzt ist der entscheidende Faktor in der Arzneimittelversorgung. Deshalb muss auch die Frage der Versorgung mit Arzneimitteln in der Fläche und den hiermit verbundenen volkswirtschaftlichen Kosten neu betrachtet werden. Tatsächlich dürfte es in vielen Regionen bei gegebener Zahl an Ärzten zu viele suboptimale Apotheken geben, da der Festpreis sie im Markt hält und eine Modernisierung der pharmazeutischen Distribution und Beratung verhindert.

4. Fazit

Feste Preise für verschreibungspflichtige Arzneimittel

- Nehmen dem Apotheker den wichtigsten Aktionsparameter im Wettbewerb und
- Reduzieren ihn auf statischen Qualitätswettbewerb.
- Begrenzen den Aktionsspielraum eines Apothekers am Markt.

- Fördern zu viele wirtschaftlich schwache Apotheken mit suboptimalen Betriebsgrößen und geringem Finanzierungs- und Entwicklungspotential.
- Verursachen hierdurch volkswirtschaftliche Kosten.
- Verhindern mit dem Erhalt zu schwacher Apotheken flächendeckende Innovationen und Investitionen in moderne pharmazeutische Informations-, Kommunikations- und Logistiksysteme.
- Tragen durch den Erhalt suboptimaler finanzschwacher „Ein-Apotheker-Betriebe" zur Verlangsamung des Einbezuges von Apothekern in ein modernes integriertes und gleichzeitig komplexes Medikationsmanagement bei.
- Verursachen eine zu hohe Zahl an schwachen Apotheken insgesamt und insbesondere in vielen Teilräumen.
- Verursachen in anderen Teilräumen einen Ausgleich von Apothekenzahl und Apothekenstruktur durch den Zuzug oder die Gründung starker Apothekenunternehmen.
- Verhindern damit die optimale Allokation der Apotheken im Raum.

Eine Flexibilisierung der RX-Preise zumindest im Rahmen eines Höchstpreissystems würde zum einen zu einer angemessenen Bereinigung des Gesamtmarktes beitragen. Zum anderen würden Flexiblere Preise als marktwirtschaftlicher Steuerungsmechanismus eine an der flächendeckenden Verteilung der Ärzte orientierte optimale Allokation der Apotheken im Raum sicherstellen.

6. ANHANG 1

Tabelle: Bevölkerungszahl, Anzahl der Apotheken, Einwohner je Apotheke, Anzahl der Ärzte (in freier Praxis bzw. ambulant, ohne Zahnärzte), Einwohner je Arzt, Ärzte je Apotheke. Jahre 1952 bis 2014.*

Jahr	Bevölkerung nach dem Gebietsstand in 1000	Anzahl der Apotheken: 1952-1990 einschließlich Apotheken der Krankenhäuser. Ab 1991 nur öffentliche Apotheken	Einwohner je Apotheke	Anzahl der Ärzte in freier Praxis (ambulant) Ohne Zahnärzte	Einwohner je Arzt in freier Praxis (ambulant)	Ärzte je Apotheke	Bemerkungen (Relevante Gesetze sind nach den Erläuterungen zur Tabelle aufgeführt)
1952	51.864	6.418	8.081	42.886	1.203	6,68	
1953	52.454	6.569	7.985	43.651	1.202	6,64	
1954	52.943	6.669	7.939	44.501	1.190	6,67	
1955	53.518	6.744	7.936	44.938	1.191	6,66	
1956	53.340	6.847	7.790	45.523	1.172	6,65	
1957	54.065	7.442	7.265	46.129	1.172	6,20	Beitritt Saarland
1958	54.719	8.176	6.693	47.448	1.153	5,80	Apothekenurteil BVerfG
1959	55.257	8.794	6.283	47.942	1.153	5,45	
1960	55.958	9.171	6.102	49.225	1.137	5,37	
1961	56.589	9.510	5.950	49.790	1.137	5,23	
1962	57.247	9.792	5.846	50.476	1.134	5,15	
1963	57.865	9.995	5.789	50.375	1.149	5,04	
1964	58.587	10.228	5.728	50.060	1.170	4,89	
1965	59.297	10.336	5.737	50.215	1.181	4,86	
1966	59.793	10.530	5.678	49.945	1.197	4,74	
1967	59.948	10.744	5.580	49.940	1.200	4,65	
1968	60.463	10.999	5.497	50.178	1.205	4,56	
1969	61.195	11.259	5.435	50.379	1.215	4,47	
1970	61.001	11.526	5.292	50.731	1.202	4,40	
1971	61.503	11.910	5.164	51.159	1.202	4,29	
1972	61.809	12.308	5.022	51.778	1.194	4,21	
1973	62.101	12.868	4.826	52.473	1.183	4,08	
1974	61.991	13.390	4.630	53.873	1.151	4,02	
1975	61.645	13.879	4.442	55.692	1.107	4,01	
1976	61.442	14.364	4.277	56.969	1.078	3,97	
1977	61.353	14.843	4.133	58.222	1.054	3,92	s.u. 1)
1978	61.332	15.340	3.998	59.036	1.039	3,85	
1979	61.439	15.792	3.891	60.512	1.015	3,83	
1980	61.658	16.244	3.796	62.029	994	3,82	
1981	61.713	16.525	3.735	62.785	983	3,80	
1982	61.546	16.865	3.649	64.305	957	3,81	s.u. 2)
1983	61.307	16.876	3.633	65.198	940	3,86	s.u. 3)
1984	61.049	17.135	3.563	67.891	899	3,96	
1985	61.020	17.705	3.446	67.363	906	3,80	

1986	61.140	17.960	3.404	68.698	890	3,82	
1987	61.238	18.161	3.372	70.277	871	3,87	
1988	61.715	18.301	3.372	71.751	860	3,92	
1989	62.679	18.432	3.400	73.381	854	3,98	s. u. 4)
1990	63.726	18.549	3.436	75.251	847	4,06	
1991	80.275	20.108	3.992	99.825	804	4,96	Ab 1991: einschließlich Neue Bundesländer
1992	80.975	20.350	3.979	104.462	775	5,13	
1993	81.338	20.648	3.939	112.773	721	5,46	s. u. 5)
1994	81.539	20.903	3.900	115.087	708	5,51	
1995	81.817	21.119	3.874	117.578	696	5,57	
1996	82.012	21.290	3.852	119.560	686	5,62	s. u. 6)
1997	82.057	21.457	3.824	121.990	673	5,69	s. u. 7)
1998	82.037	21.556	3.806	124.621	658	5,78	
1999	82.163	21.590	3.806	125.981	652	5,83	s. u. 8)
2000	82.260	21.592	3.810	128.488	640	5,95	s. u. 9)
2001	82.440	21.569	3.822	129.986	634	6,03	s. u. 10)
2002	82.537	21.465	3.845	131.329	628	6,12	s. u. 11)
2003	82.532	21.305	3.874	132.349	624	6,21	
2004	82.501	21.392	3.857	133.365	619	6,23	s. u. 12)
2005	82.438	21.476	3.839	134.798	612	6,28	
2006	82.315	21.551	3.820	136.105	605	6,31	s. u. 13)
2007	82.218	21.570	3.812	137.538	598	6,38	
2008	82.002	21.602	3.796	138.330	593	6,40	s. u. 14)
2009	81.802	21.548	3.796	139.612	586	6,48	
2010	81.752	21.441	3.813	141.461	578	6,60	
2011	80.328	21.238	3.782	142.855	562	6,73	s. u. 15)
2012	80.524	20.921	3.849	144.058	559	6,89	
2013	80.767	20.662	3.910	145.933	553	7,06	
2014	81.084 (30.9.)	20.441	3.966	147.948	548	7,24	s. u. 16)

*ERLÄUTERUNGEN UN METHODISCHE HINWEISE ZU DEN IN DER TABELLE VERWENDETEN QUELLEN:

Bevölkerung: (a) **1952 bis 2013:** Statistisches Bundesamt, Website destatis.de: „Zahlen & Fakten>Gesellschaft & Staat>Bevölkerung>Bevölkerungsstand, Tabelle „Bevölkerungsstand. Werte. Bevölkerung nach dem Gebietsstand in 1000", Veröffentlicht im Internet unter https://www.destatis.de/DE/ZahlenFakten/GesellschaftStaat/Bevoelkerung/Bevoelkerungsstand/Tabellen_/lrbev03.html (Abruf 10.04.2015). Die Zahlen weisen den Stand zum 31. 12. des jeweiligen Jahres aus. (b) **2014:** Statistisches Bundesamt, Website destatis.de, a.a.O., Tabelle „Bevölkerung auf der Grundlage des Zensus 2011". Die Zahl für 2014 (zum 30.09.2014) ist wegen des Stichtages mit den Zahlen der Vorjahre nur bedingt vergleichbar. Zahl im Internet abrufbar unter https://www.destatis.de/DE/ZahlenFakten/GesellschaftStaat/Bevoelkerung/Bevoelkerungsstand/Tabellen/Zensus_Geschlecht_Staatsangehoerigkeit.html;jsessionid=269DC044F0C5A252B67CBB8BBF49D16E.cae2.

Anzahl der Apotheken: (a) **1952 bis 1990:** Statistisches Bundesamt (Hg.): Statistisches Jahrbuch für die Bundesrepublik Deutschland, Bände 1955 bis 1993, Wiesbaden 1956 ff., Jeweils Kapitel Gesundheitswesen. (b) **1991 bis 2013:** Statistisches Bundesamt, Website Gesundheitsberichterstattung

des Bundes (gbe-bund.de): Startseite>Gesundheitsversorgung>Beschäftigte und Einrichtungen der Gesundheitsversorgung>Apotheker, Apotheken, Tabelle „Anzahl und Dichte sowie Neugründungen und Schließungen von öffentlichen Apotheken", veröffentlicht im Internet unter https://www.gbe-bund.de/oowa921-install/servlet/oowa/aw92/dboowasys921.xwdevkit/xwd_init?gbe.isgbetol/xs_start_neu/&p_aid=3&p_aid=36935601&nummer=75&p_sprache=D&p_indsp=-&p_aid=74768067 (Abruf 10.04.2015). **(c) 2014:** ABDA, Website, Presseerklärungen: „Zahl der Apotheken auf niedrigstem Stand seit 1992", Presseerklärung vom 12.02.2015. Im Internet unter http://www.abda.de/pressemitteilung/artikel/zahl-der-apotheken-auf-niedrigstem-stand-seit-1992/
(d) Einwohner je Apotheke: Eigene Berechnungen

Anzahl der Ärzte (ohne Zahnärzte): (a) 1952 bis 1989: Statistisches Bundesamt (Hg.): Statistisches Jahrbuch für die Bundesrepublik Deutschland, Bände 1955 bis 1993, Wiesbaden 1956 ff., Jeweils Kapitel Gesundheitswesen. Verwendet werden hier die Zahlen der Ärzte in freier Praxis. Als Quelle wird die Bundesärztekammer angegeben, Die Zahl der Ärzte in freier Praxis ist nicht weiter unterteilt in Vertragsarztpraxis und Privatpraxis. Auch sind in den Zahlen des Statistischen Bundesamtes die angestellten Ärzte nicht gesondert ausgewiesen. **(b) 1989 bis 1997:** Bundesärztekammer (Hg.): „Die ärztliche Versorgung in der Bundesrepublik Deutschland. Ergebnisse der Ärztestatistik – zum 31. Dezember 1998", in: Supplement zum Deutschen Ärzteblatt Heft 26/1999. Insbesondere Tabelle auf S. 9. Im Internet abrufbar unter http://www.bundesaerztekammer.de/downloads/20Stat98pdf (Abruf 18.04.2015). Verwendet werden hier die Zahlen des in den Tabellen ausgewiesenen ärztlichen Tätigkeitsbereiches „ambulant" (Entspricht „freie Praxis" der Statistischen Jahrbücher). **(c) ab 1998:** Bundesärztekammer, Website: Ärztestatistik>Die ärztliche Versorgung in Deutschland, jeweils „Ergebnisse der Ärztestatistik zum 31.12. des jeweiligen Jahres, Jahre 1998 bis 2013, „Tabelle: Ärztinnen/Ärzte nach Bezeichnungen und Tätigkeitsarten. Stand 31.12. des jeweiligen Jahres". Um die Vergleichbarkeit mit den älteren Zahlen (1952 bis 1997) zu sichern, werden hier Vertragsärzte und Ärzte in privater Praxis zusammen ausgewiesen (In den Tabellen als ärztlicher Tätigkeitsbereich „ambulant" ausgewiesen). In den Ärztezahlen sind wie in den Vorjahren 1952 bis 1997 die angestellten Ärzte enthalten. Dies Zahl der angestellten Ärzte ist in den letzten zehn Jahren deutlich angestiegen: Von 1,6 Tausend im Jahre 1966 auf 26,3 Tausend im Jahre 2014. (Die Statistiken der Bundesärztekammer sind im Internet abrufbar unter http://www.bundesaerztekammer.de/page.asp?his=0.3 (Abruf 18.04.2015).

Methodische Hinweise und Unterschiede zu anderen Statistiken: Die in der **Gesundheitsberichterstattung des Bundes** verwendeten und für die vertragsärztliche Versorgung relevanten Zahlen unterscheiden sich z.T. von den hier zitierten Zahlen der Bundesärztekammer. Die Quellen für die z.T. in der Gesundheitsberichterstattung des Bundes dargestellten Zahlen ist neben dem Bundesarztregister insbesondere die **Kassenärztliche Bundesvereinigung.** Diese in der Gesundheitsberichterstattung ausgewiesenen Zahlen liegen z.T. unter den obigen Zahlen der Bundesärztekammer (Für das Jahr 2013 werden in der Gesundheitsberichterstattung 3.273 Ärzte weniger als in der obigen Tabelle ausgewiesen). Die Differenzen liegen u.a. daran, dass nach den Regeln der Kassenärztlichen Bundesvereinigung angestellte Ärzte von Vertragsärzten nur bis zu einer bestimmten Zahl (i.d.R. 3) beschäftigt werden dürfen. Darüber hinaus gibt es ermächtigte Ärzte, etwa Krankenhausärzte, die GKV-versicherte Patienten mit Ausnahmegenehmigung behandeln dürfen. Vgl. dazu die Tabelle in der Gesundheitsberichterstattung: Gesundheitsberichterstattung des Bundes, Website gbe-Bund.de, Startseite>Gesundheitsversorgung>Beschäftigte und Einrichtungen der Gesundheitsversorgung>Ärzte, Ärztliche Praxen, Ärztliche Leistungen, Tabelle: "An der vertragsärztlichen Versorgung teilnehmende Ärztinnen und Ärzte sowie Psychotherapeutinnen und -therapeuten (Anzahl)", S. insbesondere auch die methodischen Hinweise. Die Tabelle ist im Internet abrufbar unter https://www.gbe-bund.de/oowa921-install/servlet/oowa/aw92/dboowasys921.xwdevkit/xwd_init?gbe.isgbetol/xs_start_neu/&p_aid=3&p_aid=10180468&nummer=305&p_sprache=D&p_indsp=-&p_aid=29416574 (Abruf 18.04.2015). Die ebenfalls in der Gesundheitsberichterstattung des Bundes veröffentliche **Statistik der Arzneiverordnungen** weist **in den Ärztezahlen auch die Zahnärzte** aus. Die Statistik basiert auf den zur Abrechnung bei den Gesetzlichen Krankenversicherungen eingereichte Verordnungen. Das waren im Jahre 2013: 202.965 „Verordnerinnen und Verordner" einschließlich der Zahnärzte und 141.968 ohne

Zahnärzte. Reine Privatarztpraxen sind nicht berücksichtigt (Die zuletzt 2011 veröffentliche Zahl betrug 2,4 Tausend reine Privatpraxen). Damit ergibt sich ein Unterschied von 3965 zu der oben ausgewiesenen Zahl von 145.933 Ärzten. Diese Zahlen auf Basis der Verordnungen werden im Zusammenhang mit den Berechnungen des GKV-Arzneimittelindex durch das Wissenschaftliche Institut der AOK **(WIdO)** ermittelt. S. dazu Gesundheitsberichterstattung des Bundes, Website gbe-Bund, Startseite>Gesundheitsversorgung>Arzneimittelversorgung, Heil- und Hilfsmittel>Arzneimittel, Tabelle: „Arzneimittel, die zu Lasten der gesetzlichen Krankenversicherungen verordnet wurden", im Internet abrufbar unter https://www.gbe-bund.de/oowa921-install/servlet/oowa/aw92/dboowasys921.xwdevkit/xwd_init?gbe.isgbetol/xs_start_neu/&p_aid=3&p_aid=52690123&nummer=169&p_sprache=D&p_indsp=-&p_aid=38492448 (Abruf 18.04.2015). **(d) Einwohner je Arzt und Ärzte je Apotheke**: Eigene Berechnungen.

Erläuterungen zu der Spalte „Bemerkungen":

1) **Kostendämpfungsgesetz 1977** (Arzneimittel-Höchstbeträge, Zuzahlungen für Arzneimittel usw.)
2) **Kostendämpfungs-Ergänzungsgesetz 1982** (Nun höhere Zuzahlung je Medikament usw.)
3) **Haushaltsbegleitgesetz 1983** (Höhere Zuzahlung je Medikament)
4) **Gesundheitsreformgesetz 1989** (Negativliste für Medikamente (Festbeträge), höhere Rezeptgebühr für Arzneimittel usw.)
5) **Gesundheitsstrukturgesetz 1993** (Einführung der Budgetierung, erhöhte Zuzahlung für Medikamente, Staffelung der Beträge für Arzneimittel nach Packungsgröße usw.)
6) **Beitragsentlastungsgesetz 1996** (erhöhte Zuzahlung für Arzneimittel)
7) **GKV-Neuordnungsgesetz 1997** (weiter erhöhte Zuzahlung für Arzneimittel usw.)
8) **GKV-Solidaritätsstärkungsgesetz 1999** (Wiedereinführung des Budgets für Arzthonorare sowie für Arzneimittelausgaben, Zuzahlungen für Arzneimittel wieder gesenkt)
9) **GKV-Gesundheitsreform** (u.a. Budgetverschärfung für Arzneimittelbudgets)
10) **Gesetz zur Ablösung des Arznei- und Heilmittelbudgets 2001**
11) **Arzneimittelausgaben-Begrenzungsgesetz 2002** (Aut idem, Erhöhung Apothekenrabatt)
12) **Gesundheitsmodernisierungsgesetz 2004** (Zehn Prozent Zuzahlung bei Arzneimitteln, OTC vom Patienten zu zahlen usw.)
13) **Arzneimittelversorgungs-Wirtschaftlichkeitsgesetz 2006** (zweijähriger Preisstopp für Arzneimittel, neue Festlegung der Festbetragsgrenzen, Generikarabatt, Bonus-Malus-Regelung für Ärzte bei Arzneimittelausgaben usw.)
14) **GKV-Wettbewerbsstärkungsgesetz 2008** (Nutzenbewertung Arzneimittel, Rabattverträge)
15) **Arzneimittelmarktneuordnungsgesetz 2011** (Bewertung Zusatznuten, Preisverhandlungen bei Neueinführung, Nutzenbewertung, Aufhebung Bonus-Malus-Regelung, Neugestaltung Rabattverträge usw.)
16) Zahlen wegen des Bevölkerungsstichtages mit den Vorjahren nur bedingt vergleichbar

7. ANHANG 2

Tabelle: Einwohner, Apotheken, Hausärzte, Fachärzte nach Bundesländern. Kennziffern Einwohner, Hausärzte, Fachärzte und Ärzte insgesamt je Apotheke. Durchschnittliche Arzneimittelausgaben je GKV- Versichertem. Wert der Verordnungen. Jahr 2013

Bundesland	Einw. 31.12.2013 in Mio.	Zahl der Apotheken 2013	Zahl der Hausärzte 2013	Zahl der Fachärzte insgesamt	Zahl der Ärzte insgesamt	Einwohner je Apotheke / Arzneimittelaus-Gaben je GKV-Versichertem (...)	Hausärzte je Apotheke	Fachärzte je Apotheke	Ärzte insg. je Apotheke Wert der Verordnungen € (...)
Baden-Württbg.	10,631	2.639	6.772	10.706	17.478	4.028 (379)	2,6	4,0	6,6 (47,20)
Bayern	12,604	3.304	8.785	13.802	22.587	3.815 (358)	2,7	4,2	6,9 (46,71)
Berlin	3,422	858	2.364	5.900	8.264	3.988 (497)	2,7	6,9	9,6 (59,44)
Brandenburg	2,449	576	1.474	1.979	3.453	4.252 (418)	2,6	3,4	6,0 (47,89)
Bremen	0,657	152	433	1.161	1.594	4.325 (407)	2,9	7,6	10,5 (47,56)
Hamburg	1,746	432	1.207	2.893	4.100	4.042 (445)	2,8	6,7	9,5 (59,48)
Hessen	6,045	1.546	3.839	6.825	10.664	3.910 (377)	2,5	4,4	6,9 (49,55)
Mecklbg.-Vorp.	1,596	410	1.089	1.449	2.538	3.894 (517)	2,7	3,5	6,2 (51,56)
Niedersachsen	7,791	2.014	4.799	7.494	12.293	3.868 (389)	2,4	3,7	6,1 (44,82)
Nordrh.-Westf.	17,572	4.470	10.561	18.292	28.853	3.931 (394)	2,4	4,1	6,5 (44,51)
Rhld-Pfalz	3,994	1.065	2.576	3.811	6.387	3.751 (386)	2,4	3,6	6,0 43,50)
Saarland	0,991	316	635	1.121	1.756	3.135 (429)	2,0	3,5	5,5 45,05)
Sachsen	4,046	996	2.565	4.168	6.733	4.063 (474)	2,6	4,2	6,8 (53,53)
Sachsen-Anhalt	2,245	615	1.374	1.995	3.369	3.650 (475)	2,2	3,2	5,4 (49,93)
Schlesw. Holstein	2,816	706	1.799	2.878	4.677	3.989 (372)	2,5	4,1	6,6 (45,35)
Thüringen	2,161	563	1.372	2.100	3.472	3.838 (495)	2,5	3,7	6,2 (51,32)
Deutschland insgesamt	80,767	20.662	51.644	86.574	138.218	3.910 (445)	2,5	4,2	6,7 (47,24)

QUELLEN UND ERLÄUTERUNGEN ZU DER TABELLE:

(1) **Einwohnerzahl:** Statistisches Bundesamt, Website (destatis.de), Startseite>Zahlen & Fakten>Gesellschaft & Staat>Bevölkerung, Tabelle „Gebiet und Bevölkerung – Fläche und

Bevölkerung", Bevölkerung zum 31.12.2013. Im Internet http://www.statistik-portal.de/Statistik-Portal/de_jb01_jahrtab1.asp (Abruf 21.05.2015).

(2) Zahl der Apotheken: ABDA (Hg.), „Die Apotheke. Zahlen Daten Fakten 2013", Berlin o.J., S. 8. Im Internet unter https://www.abda.de/fileadmin/assets/ZDF/ZDF_2013/ABDA_ZDF_2013_Brosch.pdf (Abruf 21.05.2015).

(3) Zahl der Ärzte: Zentralinstitut der Kassenärztlichen Versorgung (Zi), Fachbereich Regionalisierte Versorgungsanalysen und Versorgungsatlas, Website, Versorgungsstrukturen>Kennziffern der vertragsärztlichen Versorgung, im Internet unter http://www.versorgungsatlas.de/themen/versorgungsstrukturen/ (Abruf 12.05.2015). Die Zahlen der kassenärztlichen Bundesvereinigung unterscheiden sich von den höheren Zahlen, die auf der Basis von Informationen der Bundesärztekammer veröffentlicht werden, etwa in der Gesundheitsberichterstattung Bund. Die Zahlen der Bundesärztekammer sind Grundlage für lange Reihen, wie etwa die in der Tabelle 1 im Anhang dargestellt. Die Kennziffer Ärzte je Apotheke liegt 2013 unter Verwendung der Angaben der Bundesärztekammer bei 7,06. Hier wird auf die Zahlen der Zentralinstitutes zurückgegriffen, um den Vergleich mit den Mittelbereichen zu ermöglichen (s. dazu Tabelle).

(4) Arzneimittelausgaben je GKV-Versichertem und Wert der Verordnungen: Sachverständigenrat zur Begutachtung der Entwicklung im Gesundheitswesen: „Bedarfsgerechte Versorgung – Perspektiven für ländliche Regionen und ausgewählte Leistungsbereiche. Gutachten 2014", **Zahlen zu den Arzneimittelausgaben je GKV-Versichertem** S 53. Die Zahlen im Gutachten Sachverständigenrat gelten für das Jahr 2012. Für die o.a. Tabelle wurden sie mit dem Multiplikator 1,0525 auf das Jahr 2013 hochgerechnet. Dieser Multiplikator ergibt sich aus der Steigerung der GKV-Ausgaben 2013. Die Zahlen zu den **Werten der Verordnungen** auf S. 55. Die Werte der Verordnungen beziehen sich auf die Kassenärztlichen Vereinigungen der Länder, die bis auf Nordrhein-Westfalen mit den Bundesländern identisch sind. Der hier ausgewiesene Wert ist der Durchschnitt der KV Nordrhein und der KV Westfalen-Lippe. Deren Berechnungsbasis sind die Monate Januar bis März 2013. Daher sind auch sie nur eingeschränkt verwertbar. Gutachten im Internet unter http://www.svr-gesundheit.de/fileadmin/user_upload/Gutachten/2014/SVR-Gutachten_2014_Langfassung.pdf (Abruf 22.05.2015).

8. ANHANG 3

Tabelle: Ausgewählte Mittelbereiche. Anzahl Einwohner je Mittelbereich MB (Abgrenzung BBSR). Anzahl Apotheken je Mittelbereich. Anzahl Hausärzte je Mittelbereich. Anzahl allgemeine Fachärzte nach Bedarfsplanungs-Richtlinie, anteilig je Mittelbereich (Schätzung). Ärzte je Apotheke. Durchschnittsumsätze der verschriebenen rezeptpflichtigen Arzneimittel je Apotheke (Schätzung nach Hausärzten und allgemeinen Fachärzten). Jahr: 2013 (Quellen und Anmerkungen s.u.)

MB	Einwohner MB	Apotheken MB	Hausärzte MB	Kreis/ Kreisregion	Typ Großstadtregion	Fachärzte anteilig MB	Hausarzt/ Apotheke MB	Facharzt/ Apotheke anteilig MB	Ärzte insges. je Apotheke MB	Durchschnittlicher RX-Umsatz je Apotheke MB in Tausend € (Schätzung)
Rendsburg SH	84.980	28	58,1	Rendsburg-Eckernförde	5	59,6	2,1	2,1	4,2	799
Hannover NDS	635.002	190	415,3	Region Hannover	1 und 2	549,0	2,2	2,9	5,1	903
Bergkamen NRW	48.209	9	27,7	Unna	3	31,9	3,1	3,5	6,6	1.098
Paderborn NRW	232.183	60	148,4	Paderborn	1, 2 und 3	136,9	2,5	2,3	4,8	834
Templin BB	27.010	11	17,2	Uckermark	5	14,4	1,6	1,3	2,9	607
Bad Arolsen H	27.392	10	21,2	Waldeck-Frankenberg	4	16,0	2,1	1,6	3,7	812
Dresden SN	571.244	102	357,0	Dresden, Bautzen u.a.	1 und 2	680,3	3,5	6,7	10,2 (s.u.)	1.986
Oberstdorf BY	16.800	5	19,0	Oberallgäu	5	7,1	3,8	1,4	5,2	1.217
Langenfeld NRW	56.982	14	35,2	Mettmann	2	38,6	2,5	2,8	5,3	1.025
Ingelheim RPL	40.887	10	28,5	Mainz-Bingen	3	22,4	2,9	2,2	5,1	984
Horb BW	33.675	5	15,3	Freudenstadt	4	17,3	3,1	3,5	6,6	1.273

QUELLEN UND ERLÄUTERUNGEN ZUR TABELLE ANHANG 3

(1) **Mittelbereiche und Kreise/Kreisregionen:** Bundesinstitut für Bau-, Stadt- und Raumforschung (BBSR), Website, Startseite>Themen>Raumbeobachtung>Raumabgrenzungen, Downloads, Mittelbereiche (PDF). Im Internet unter http://www.bbsr.bund.de/BBSR/DE/Raumbeobachtung/Downloads/downloads_node.html (Abruf 21.05.2015). Erläuterungen zu den Mittelbereichen (Hausarztplanung) und den Großstadtregionen (5 Kreistypen für die Planung allgemeiner Fachärzte) sowie die

Plankennziffern (Ärzte je Einwohner) finden sich in: Gemeinsamer Bundesausschuss, Website>Richtlinien>Richtlinie über die Bedarfsplanung sowie die Maßstäbe zur Feststellung von Überversorgung und Unterversorgung in der vertragsärztlichen Versorgung (Bedarfsplanungs-Richtlinie), §§ 11 f. Bedarfsplanungs-Richtlinie und dazu gehörende Anlagen. Der Link zu der Bedarfsplanungs-Richtlinie sowie zu der Liste mit den Mittelbereichen nach BBSR ist im Internet veröffentlicht unter: http://www.bbsr.bund.de/BBSR/DE/Raumbeobachtung/Raumabgrenzungen/Gro%C3%9Fstadtregionen/Gro%C3%9Fstadtregionen.html?nn=443270. (Abruf 21.05.2015). Die **Kreistypen nach BBSR**: Typ 1 „Zentrum" (Kernstadt), Typ 2 „Ergänzungsgebiet zum Zentrum" (Kern), Typ 3 „Engerer Verflechtungsraum" (verdichtetes Umland), Typ 4 „Weiterer Verflechtungsraum" (Ländliches Umland), Typ 5 „Gemeindeverbände außerhalb der Großstadtregionen" (Ländlicher Raum). Die Begriffe in Klammern werden in dem vom Zentralinstitut für die kassenärztliche Versorgung in der Bunderepublik Deutschland herausgegebenen Versorgungsatlas verwendet. S. dazu: Zentralinstitut für die kassenärztliche Versorgung, Versorgungsatlas, Website „versorgungsatlas.de": Versorgungsstrukturen>Kennziffern der vertragsärztlichen Versorgung, Tabelle „Vertragsärzte und Psychotherapeuten je 100.000 Einwohner nach Bedarfsplanungsfachgebieten und –regionen im Jahre 2013", (Tabelle vom 19.03.2015). Im Internet unter http://www.versorgungsatlas.de/themen/versorgungsstrukturen/ (Abruf 21.05.2015).

(2) Einwohner: Die Zahl der Einwohner sind den jeweils im Internet veröffentlichten Zahlen der Statistikbehörden der in der Tabelle erwähnten Bundesländer entnommen. Einwohnerzahlen zum 31.12.2013 bis auf Niedersachsen (30.06.2014) und (Rheinland-Pfalz 30.06.2012). Im Folgenden sind nur die Internetquellen genannt (Abrufe am 20. Und 21.05.2015). Schleswig-Holstein (SH) https://www.statistik-nord.de/fileadmin/Dokumente/Statistische_Berichte/bevoelkerung/A_I_2_S/A_I_2_vj134_Zensus_SH.pdf Niedersachsen (NDS): http://www1.nls.niedersachsen.de/statistik/html/mustertabelle.asp. Nordrhein-Westfalen (NRW): http://www.it.nrw.de/statistik/a/daten/bevoelkerungszahlen_zensus/zensus_rp9_dez13.html. Brandenburg (BB): https://www.statistik-berlin-brandenburg.de/publikationen/otab/2014/OT_A01-12-00_124_201312_BB.pdf. Hessen (H): http://www.statistik-hessen.de/themenauswahl/bevoelkerung-gebiet/regionaldaten/bevoelkerung-der-hessischen-gemeinden/index.html. Sachsen (SN): http://www.statistik.sachsen.de/download/010_GB-Bev/Bev_Z_Gemeinde_1213.pdf. Rheinland-Pfalz (RPL): http://www.statistik.rlp.de/fileadmin/dokumente/berichte/A1033_201221_hj_G.pdf. Baden-Württemberg (BW): http://www.statistik.baden-wuerttemberg.de/SRDB/Tabelle.asp?H=BevoelkGebiet&U=99&T=99025010&E=GE&K=237&R=GE237040. Bayern (BY): https://www.statistikdaten.bayern.de/genesis/online?language=de&sequenz=TabelleErgebnis&selectionname=12411-001

(3) Zahl der Apotheken: Die Zahl der Apotheken wurden gemeindeweise aus verschiedenen Telefonverzeichnissen ermittelt und – soweit verfügbar -anhand der Angaben der jeweiligen Apothekerkammern überprüft. Es wurden nur die Apotheken in den jeweiligen Städten und Gemeinden gezählt, nicht jedoch nahe Apotheken in angrenzenden Kommunen. Dabei kann es zu kleineren Unterschieden mit anderen Apothekenverzeichnissen oder anderen Zählweisen kommen, bei denen auch entferntere Apotheken berücksichtigt werden. Würden Apotheken in angrenzenden Kommunen oder gar im weiteren Umkreis berücksichtigt, würde der durchschnittliche Umsatz je Apotheke unrealistisch niedrig ausfallen. Bei den Apotheken in angrenzenden Kommunen müssten die dort praktizierenden Ärzte in die Berechnungen einbezogen werden. Vor diesem Hintergrund der kleinräumigen Betrachtungsweise bzw. Rechnung können die geschätzten Umsätze je Apotheke nur eine Größenordnung widerspiegeln.

(4) Zahl der Hausärzte und der Fachärzte: Die Zahl der Hausärzte (Jahr 2013) je Mittelbereich und die Zahl der Fachärzte (2008) je Kreis/Kreisregion (s.o.) wurde auf der Basis der Kennziffern (Ärzte je 100.000 Einwohner) in der Tabelle „Vertragsärzte und Psychotherapeuten je 100.000 Einwohner nach Bedarfsplanungsfachgebieten und Bedarfsregionen im Jahre 2013", (Tabelle vom 19.03.2015), a.a.O., (s.o.), berechnet. Da Fachärzte nicht für die Mittelbereiche ausgewiesen werden, wurden sie hier wie folgt geschätzt: (a) Annahme: Die Fachärzte bzw. ihre Leistungen je Einwohner sind im Kreis auf die Gemeinden bzw. die Mittelbereiche gleichverteilt. (b) Der Anteil je Gemeinde bzw. Mittelbereich wird durch Multiplikation der jeweiligen Einwohnerzahl mit der durch 100.000 dividierten Kennziffer multipliziert. Damit ergibt sich der anteilsmäßige Wert für die Ärzte der einzelnen Facharztkategorien in den Mittelbereichen. (c) Folgende Facharztgruppen sind gemäß § 12 Bedarfsplanungs-Richtlinie berücksichtigt: Augenärzte, Chirurgen, Frauenärzte, Hautärzte, HNO-Ärzte, Nervenärzte, Orthopäden, Psychotherapeuten, Urologen, Kinderärzte. Die jeweils im Versorgungsatlas veröffentlichte Zahl der allgemeinen Fachärzte auf der Ebene Kreise/Kreisregionen nach § 12 Bedarfsplanungs-Richtlinie bezieht sich auf das Jahr 2008. Neueres Zahlenmaterial war nicht verfügbar.

(5) Durchschnittlicher Umsatz je Apotheke: (a) Zunächst wurde der Durchschnittsumsatz je Hausarzt (einschließlich der hausärztlich tätigen Internisten) und der o.g. allgemeinen Fachärzte für das Jahr 2013 ermittelt. Der Durchschnitt bezieht sich auf die gesamte Bundesrepublik Deutschland. Der Durchschnittsumsatz betrug für die Hausärzte (einschließlich der hausärztlich tätigen Internisten) 281.821 € (gewichteter Durchschnitt). Für die o.g. Facharztgruppen betrug er 114.365 € (gewichteter Durchschnitt). Den Berechnungen wurde zugrunde gelegt: Statistisches Bundesamt, Website Gesundheitsberichterstattung des Bundes (gbe-bund.de): Startseite>Gesundheitsversorgung>Arzneimittelversorgung, Heil- und Hilfsmittel>Arzneimittel, Tabelle „Arzneimittel, die zu Lasten der gesetzlichen Krankenversicherung verordnet wurden". Die Anzahl der Ärzte in den Jahre 2004 und 2010 weichen auffällig von der zeitlichen Entwicklung ab. Die Abweichungen sind nicht zu erklären.. In 2012 wurden zum ersten Mal die Zahnärzte mit ihren Verordnungen ausgewiesen. Wegen der Vergleichbarkeit mit den älteren Zahlen und den anderen Tabellen wurden die Zahnärzte (rund 60.000) für 2012 und 2013 herausgerechnet. Zahl, Wert und Umsatz ihrer Verordnungen sind nicht signifikant. Der Anteil ihres Verordnungs-Gesamtumsatzes beträgt nur 0,4 Prozent des Gesamtumsatzes aller Ärzte. Die hohe Anzahl der Zahnärzte verzerrt allerdings die Durchschnittswerte (z.B. Ärzte je Apotheke). Die Grundzahlen veröffentlicht im Internet unter https://www.gbe-bund.de/oowa921-install/servlet/oowa/aw92/WS0100/_XWD_FORMPROC?TARGET=&PAGE=_XWD_2&OPINDEX=1&HANDLER=_XWD_CUBE.SETPGS&DATACUBE=_XWD_30&D.000=3734 (Abruf 20 IV 2015). **Berücksichtigung Regionaler Unterschiede beim Wert der Verordnungen und beim Verschreibungsverhalten der Ärzte:** Bei allen Angaben handelt es sich um Durchschnittswerte, die von den tatsächlich erzielten Werten in den Regionen und der einzelnen Apotheken abweichen können. Dabei spielt die tatsächliche Inanspruchnahme der Fachärzte des Kreises in den Gemeinden der Mittelbereiche, das Kaufverhalten der Patienten wie auch die Betriebsgröße der einzelnen Apotheke eine Rolle. Eine außerhalb des Mittelbereiches erhaltene Facharztverordnung muss nicht notwendigerweise in einer Apotheke im Mittelbereich eingelöst werden. Aus der Tabelle ... ergeben sich die Unterschiede zwischen den Bundesländern in Bezug auf die Werte der Verordnungen. Diese Faktoren können präzise nur durch eine umfassende empirische Untersuchungen bzw. eine Datenanalyse erfasst werden. Gleichwohl wurde bei den Berechnungen der Apothekenumsätze für die obige Tabelle ein **Korrekturfaktor** wie folgt verwendet: Die prozentuale positive oder negative Abweichung des Wertes des jeweiligen Bundeslandes, zu dem der Mittelbereich gehört, zum Bundeswert wurde bei der

Berechnung des durchschnittlichen Apothekenumsatzes berücksichtigt. Z.B. positive Korrektur für Dresden und Templin, negative Korrektur für die Mittelbereiche der alten Bundesländer.

(6) Dresden: Der Facharztwert für Dresden liegt weit über dem Durchschnitt der anderen Mittelbereiche. Dies liegt an der hohen Zahl der im Versorgungsatlas ausgewiesenen Psychotherapeuten (246). Damit steigt die Zahl der Fachärzte insgesamt auf 680 und der Zahl der Fachärzte je Apotheke auf 6,7. Zum Vergleich mit Dresden hier die Stadtstaaten (Ballungsräume), wobei hier in die Zählung auch weitere Facharztgruppen einbezogen sind (z.B. Radiologen, Anästhesisten, Kardiologen usw.): Hamburg (6,7), Berlin (6,9), Bremen (7,6). Die Zahl für Dresden bewegt sich in dieser Größenordnung (mit anderen Facharztgruppen könnte sie noch etwas höher ausfallen).

9. Die Autoren

Hannes Kern

Studium der Rechtswissenschaften an der Bayerischen Julius-Maximilians-Universität Würzburg. Stipendiat der Konrad-Adenauer-Stiftung e.V. Rechtsreferendariat am OLG Bamberg 2006 bis 2008.

Wissenschaftlicher Mitarbeiter am Lehrstuhl für Bürgerliches Recht, Europäisches Wirtschaftsrecht, Internationales Privat- und Prozessrecht sowie Rechtsvergleichung an der Bayerischen Julius-Maximilians-Universität Würzburg (Prof. Dr. Oliver Remien) 2006 bis 2009.

Promotion (Dr. iur.) an der Johannes Gutenberg-Universität Mainz 2010 (Doktorvater: Prof. Dr. Meinrad Dreher, LL.M.).

Rechtsanwalt seit 2009. Seit 2013 Partner bei wuertenberger | Partnerschaft von Rechtsanwälten in den Bereichen Vergabe- und Kartellrecht.

Thomas Würtenberger

Studium an der Universität Augsburg und der Vanderbilt Law School, Nashville, Tennessee, USA (Master of Laws / LL.M.). Stipendiat des Deutschen Akademischen Austauschdienstes und LL.M. Merit Scholarship der Vanderbilt Law School. Rechtsreferendariat am OLG Karlsruhe 2004 bis 2006.

Promotion im Staatsorganisationsrecht an der Universität Augsburg 2004 (Doktorvater: Prof. Dr. Christoph Vedder).

Rechtsanwalt seit 2006. Seit 2013 Partner bei wuertenberger | Partnerschaft von Rechtsanwälten in den Bereichen Öffentliches Wirtschaftsrecht, Verfassungs- und Europarecht.

Hans-Dieter Wichter

Studium der Wirtschaftswissenschaften an den Universitäten Bochum, Mannheim und zu Köln 1969 bis 1974. Diplom-Volkswirt (Köln 1974). Dr. rer. pol. (Köln 1977).

Wissenschaftlicher Assistent am Staatswissenschaftlichen Seminar der Universität zu Köln (Preis-, Markt- und Wettbewerbstheorie).

Tätigkeiten im Wirtschaftsministerium des Landes Nordrhein-Westfalen (Wirtschaftsstrukturanalysen), im Ministerium für Bundesangelegenheiten des Landes Rheinland-Pfalz (u.a. Wirtschaftspolitik), im Bundesministerium der Finanzen (Stellvertretender Sprecher) und im Bundesministerium der Verteidigung (Sprecher, später Unterabteilungsleiter „Umweltschutz" und Unterabteilungsleiter „Versorgung der Streitkräfte in Auslandseinsätzen"). Zuletzt Regierungssprecher des Landes Nordrhein-Westfalen.

Ministerialdirigent a.D. Seit 2012 selbständiger Unternehmensberater mit Schwerpunkt „volkswirtschaftliche Strukturanalysen" und „Marktanalysen".